T0169028

Igor Sukhin

Chess Camp

Volume 2: Simple Checkmates

© 2010 Igor Sukhin
All rights reserved. No part of this book may be reproduced or transmitted in any form by any means, electronic or mechanical, including photocopying, recording, or by an information storage and retrieval system, without written permission from the publisher.

Publisher: Mongoose Press
1005 Boylston Street, Suite 324
Newton Highlands, MA 02461
info@mongoosepress.com
www.MongoosePress.com
ISBN: 9781936277087
Library of Congress Control Number: 2010932524
Distributed to the trade by National Book Network
custserv@nbnbooks.com, 800-462-6420
For all other sales inquiries please contact the publisher.

Editor: Jorge Amador
Typesetting: Frisco Del Rosario
Cover Design: Al Dianov
Printed in the United States of America
First English edition
0987654321

Contents

Note for Coaches, Parents, Teachers, and Trainers 5

Positions with Three Pieces

King + one piece vs. king 7

Positions with Four Pieces

King + one piece vs. king + one piece 12

King + two pieces vs. king 36

Positions with Five Pieces

King + one piece vs. king + two pieces 54

King + two pieces vs. king + one piece 80

King + three pieces vs. king 87

Exercises 97

Fun Puzzles

The king fell off the board! 106

Stolen piece! 107

Fill in the color of the pieces 108

En passant 109

Solutions 110

Note for Coaches, Parents, Teachers, and Trainers

The ability to deliver mate is the foundation of the art of chess. But in the mass of chess literature little attention is usually paid to this extremely important stage of learning – problems where you give checkmate in just one move. Books that do include exercises on this theme have three faults: a) the positions aren't classified; b) in the descriptions they tell you which piece will deliver mate, a circumstance which doesn't correspond to the reality of a chess game; and c) there are less than 300 problems, which isn't enough to acquire the skill of checkmating.

Our collection doesn't have those deficiencies. It contains 540 precisely-structured three-, four-, and five-piece positions that cover the typical mating setups for that particular number of pieces. There is also a practice section in the book (54 five-piece positions) and a section of entertaining puzzles (24 positions). After solving all 618 problems, the beginning chessplayer will master the typical mating patterns and gain a solid basis for further improvement.

Positions with Three Pieces

King + rook vs. king

White to move.

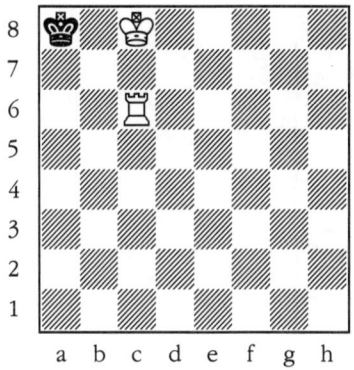

1

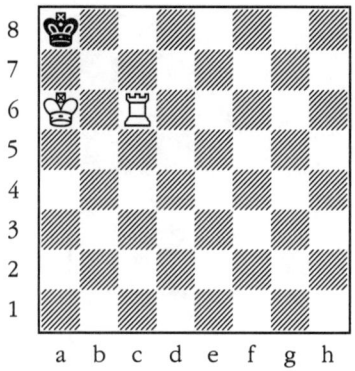

2

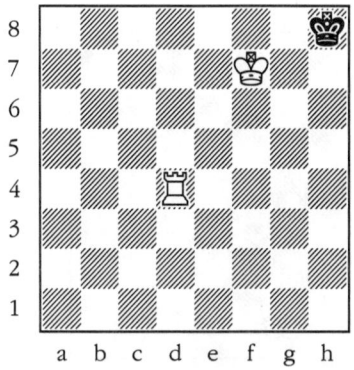

3

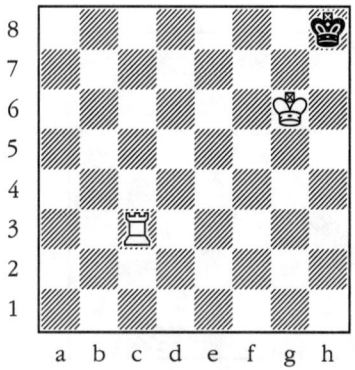

4

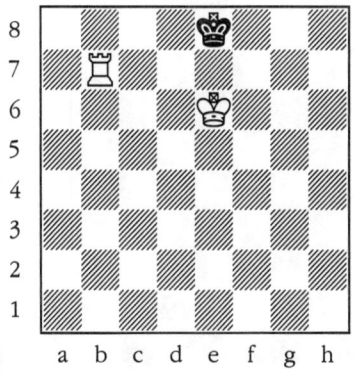

5

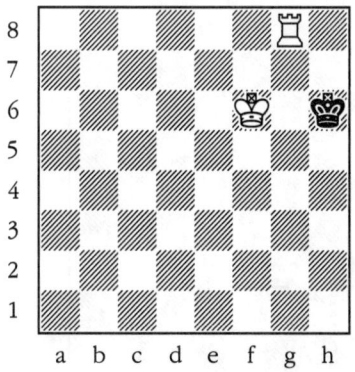

6

King + queen vs. king

Black to move.

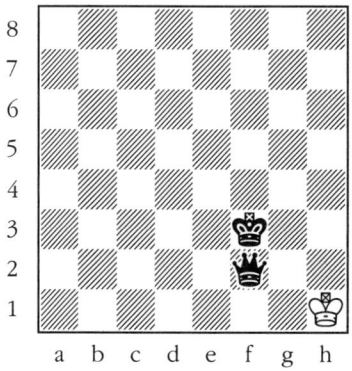

7

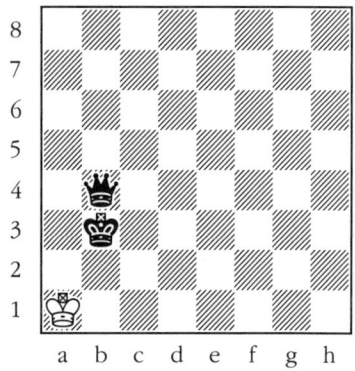

8

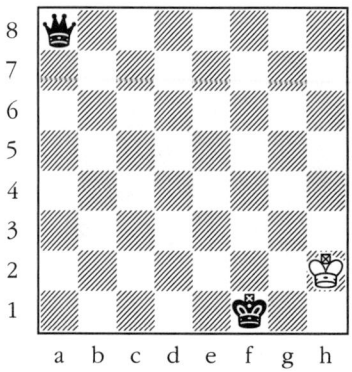

9

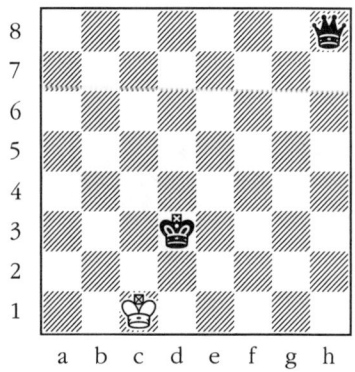

10

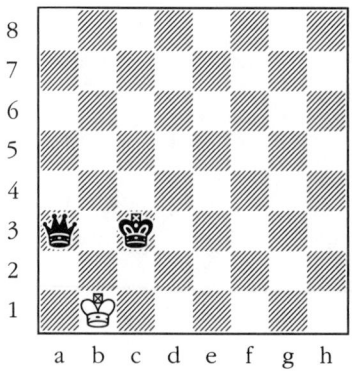

11

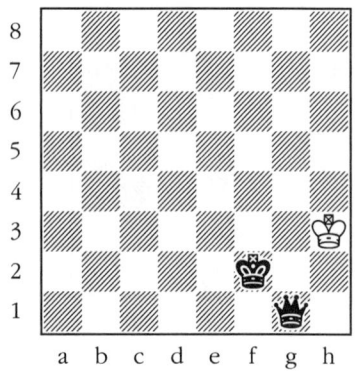

12

King + queen vs. king

White to move.

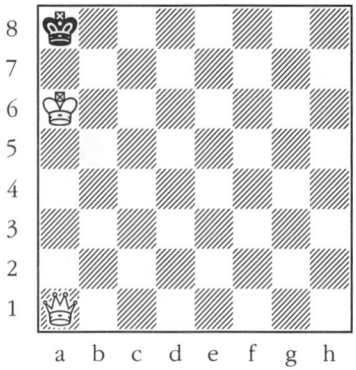

13

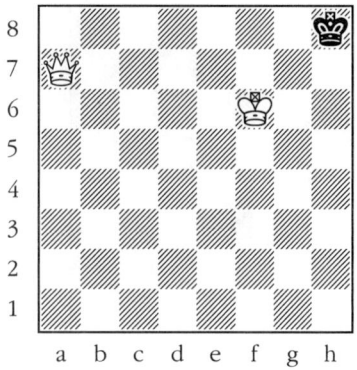

14

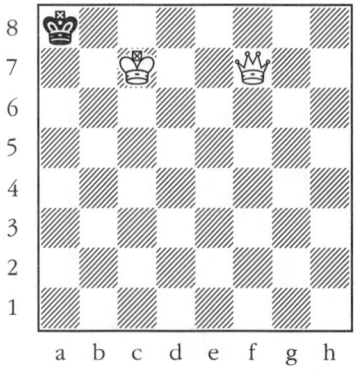

15

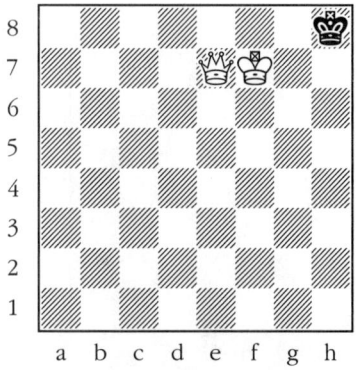

16

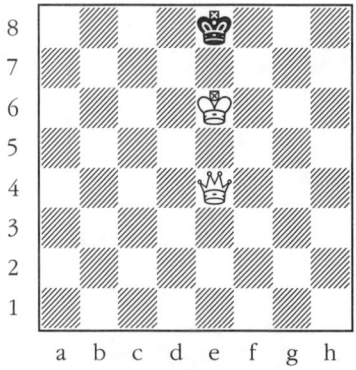

17

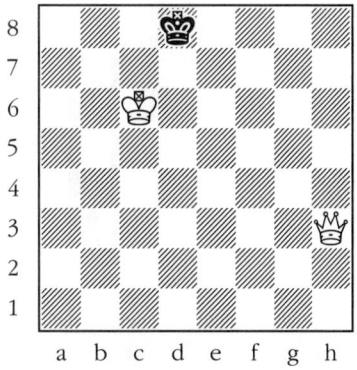

18

King + queen vs. king

Black to move.

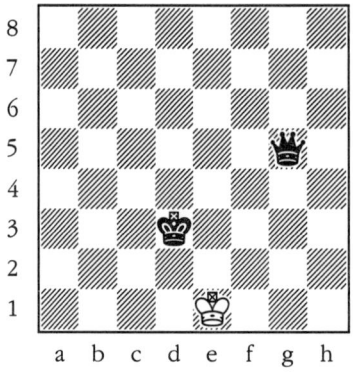

19

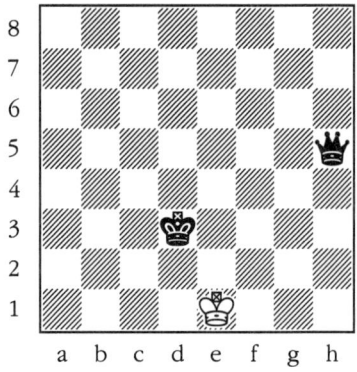

20

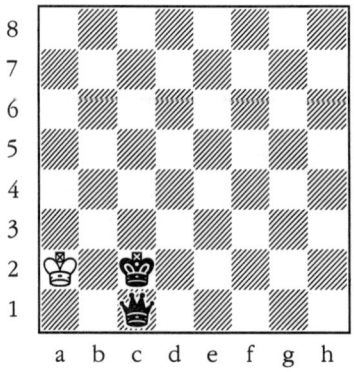

21

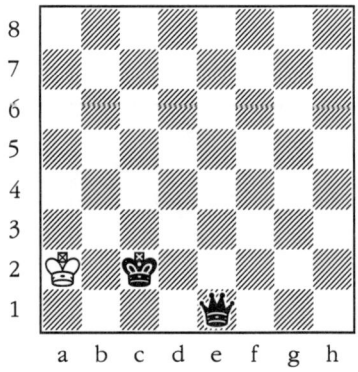

22

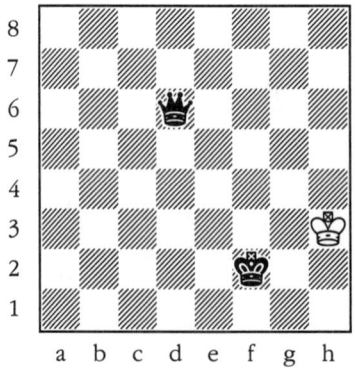

23

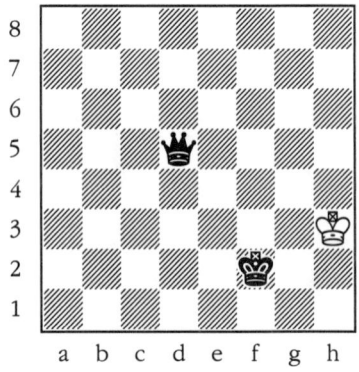

24

King + pawn vs. king

White to move.

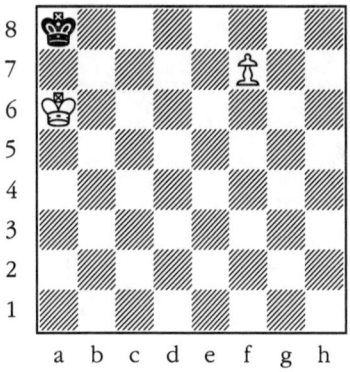

25

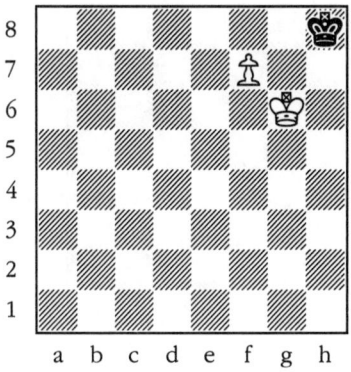

26

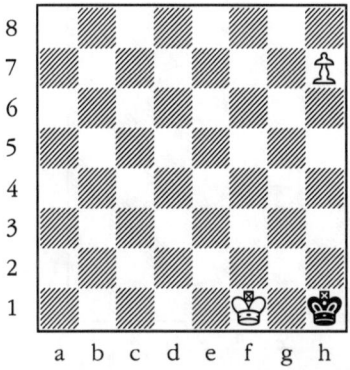

27

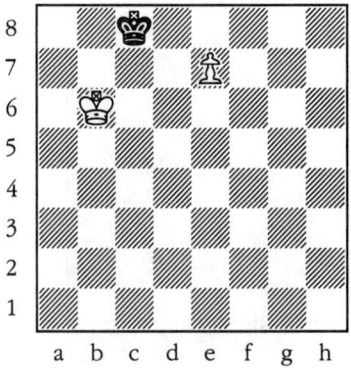

28

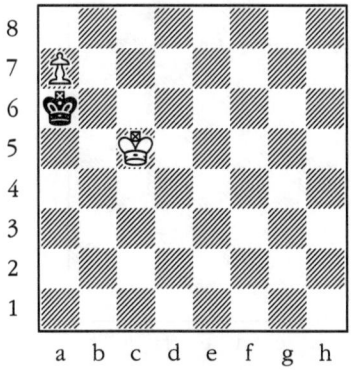

29

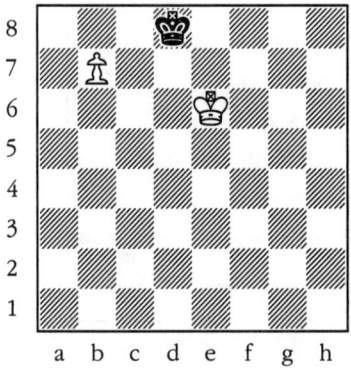

30

Positions with Four Pieces

King + rook vs. king + rook

White to move.

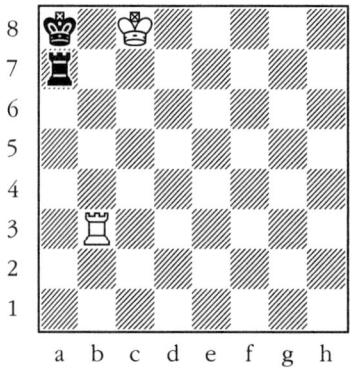

31

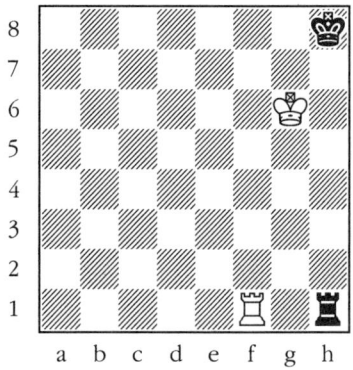

32

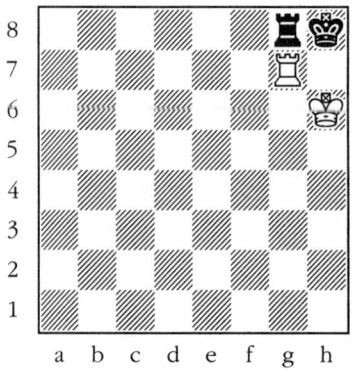

33

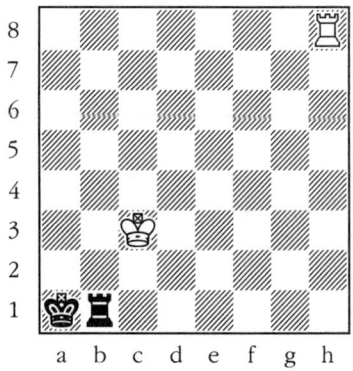

34

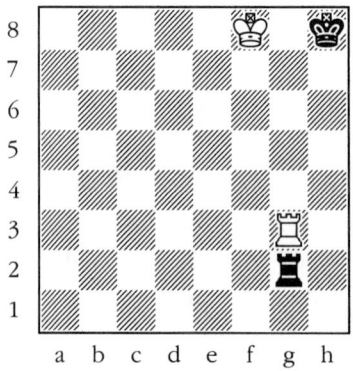

35

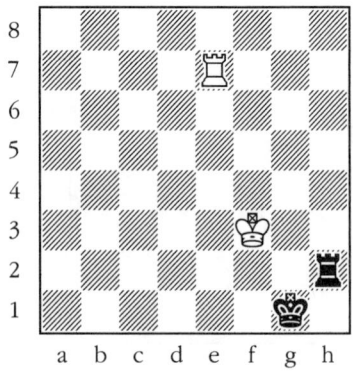

36

King + rook vs. king + bishop

Black to move.

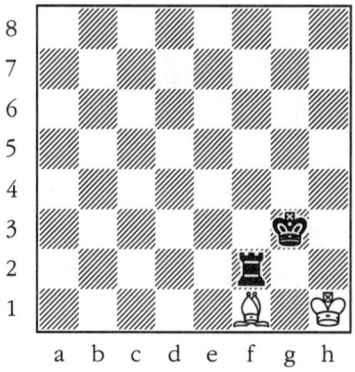

37

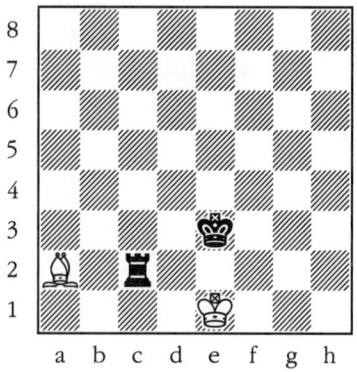

38

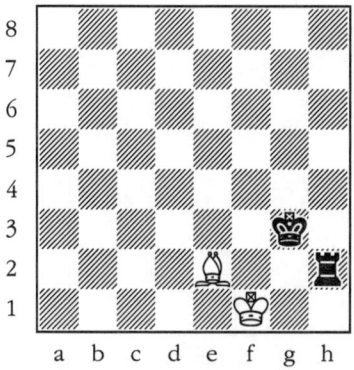

39

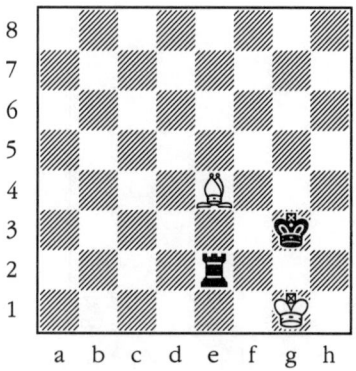

40

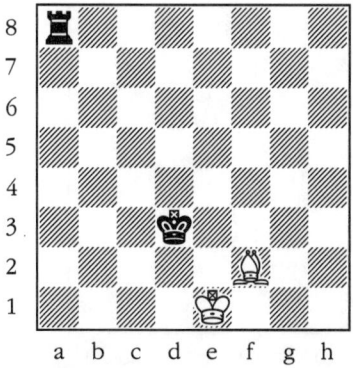

41

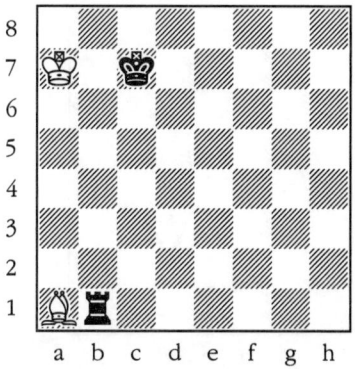

42

King + rook vs. king + queen

White to move.

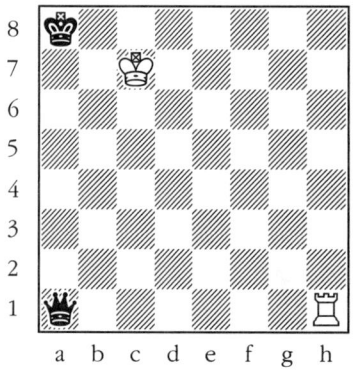

43

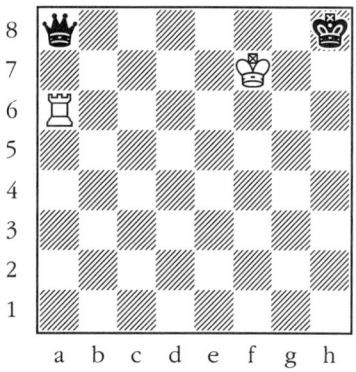

44

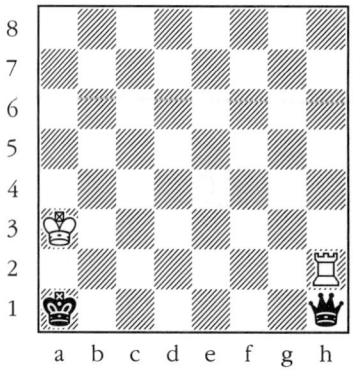

45

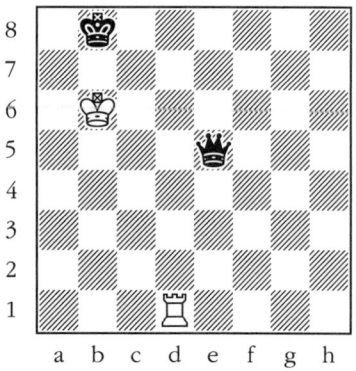

46

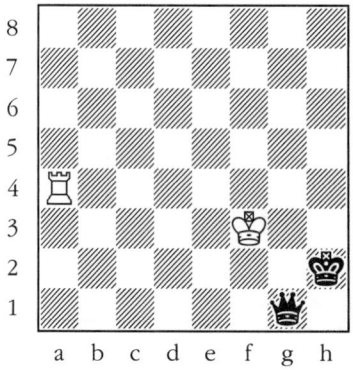

47

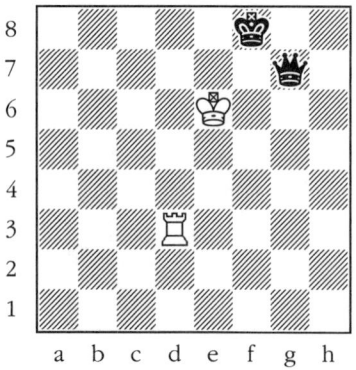

48

King + rook vs. king + knight

White to move.

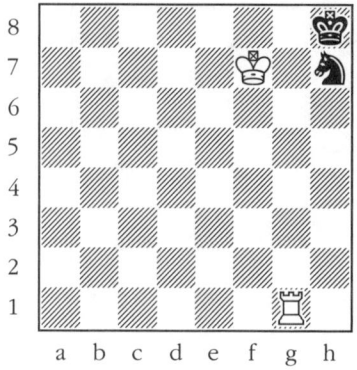

49

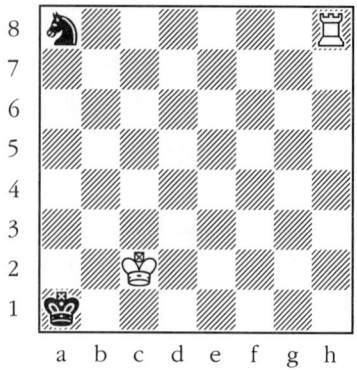

50

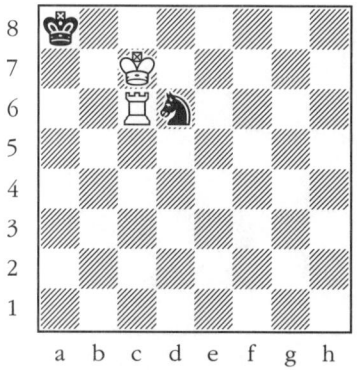

51

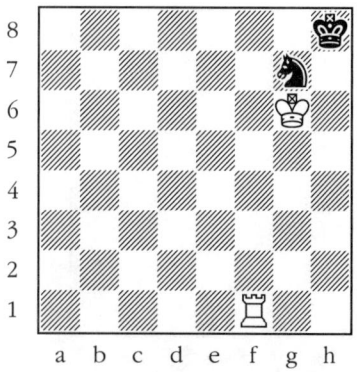

52

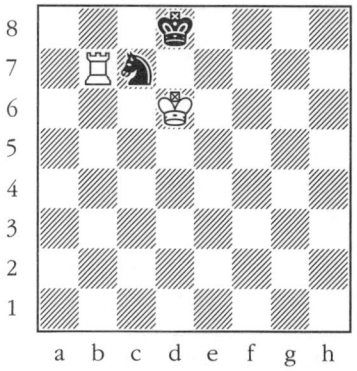

53

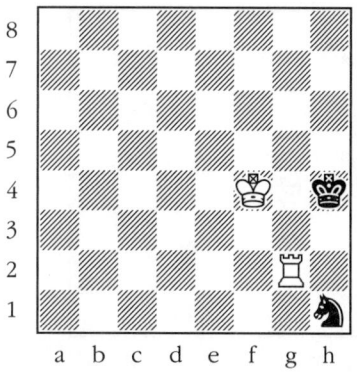

54

King + rook vs. king + pawn

Black to move.

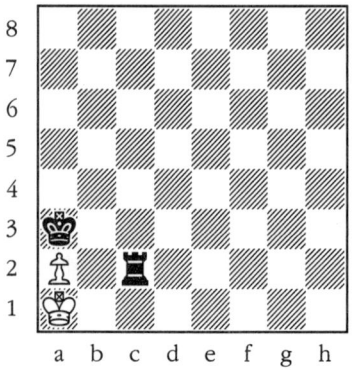

55

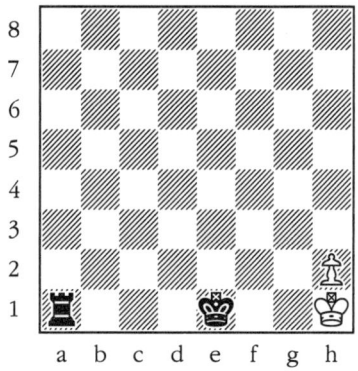

56

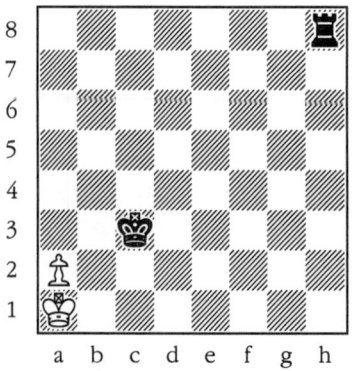

57

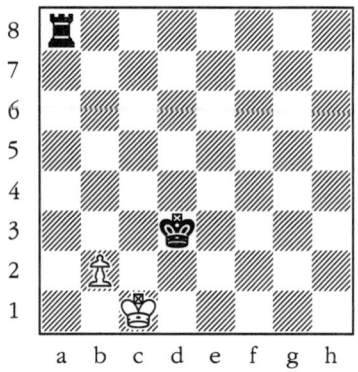

58

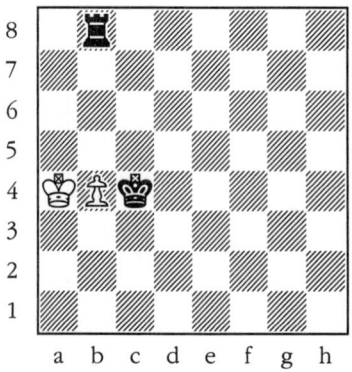

59

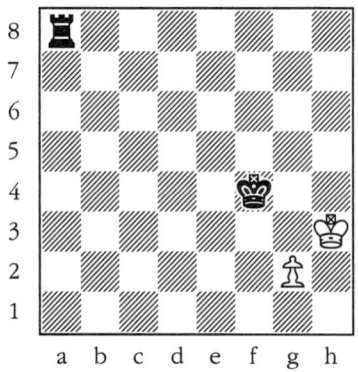

60

King + bishop vs. king + bishop

White to move.

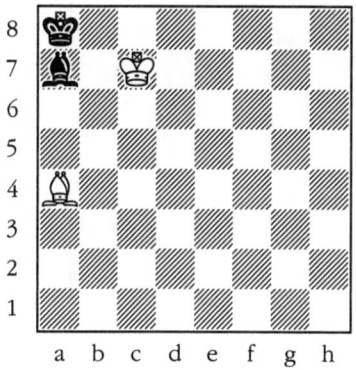

61

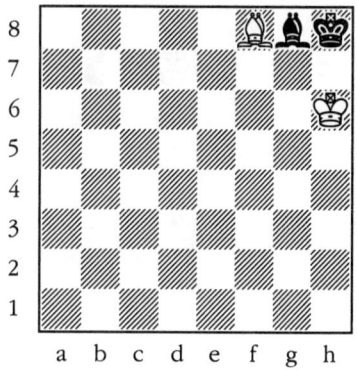

62

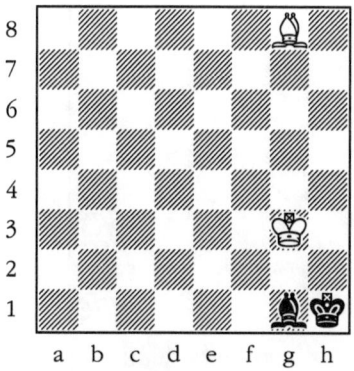

63

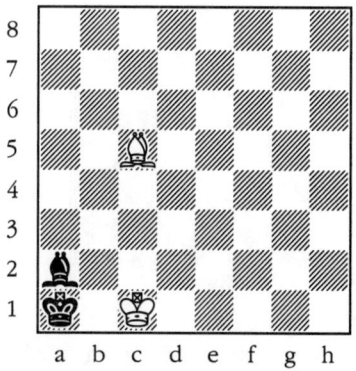

64

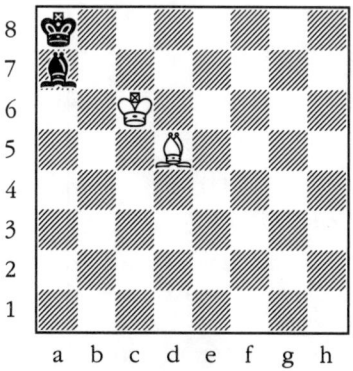

65

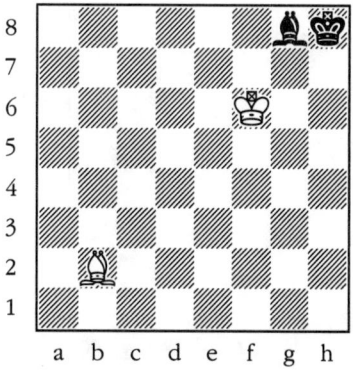

66

King + bishop vs. king + knight

White to move.

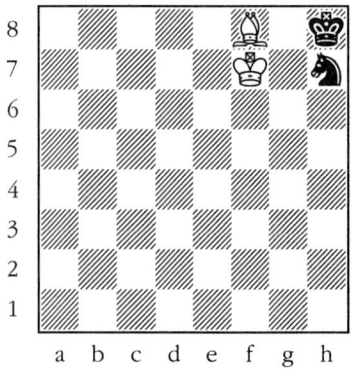

67

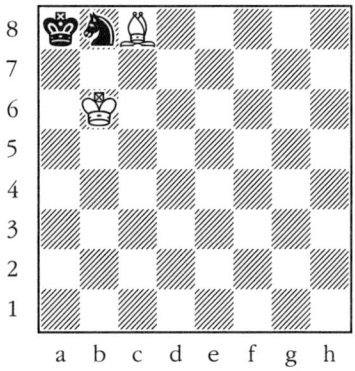

68

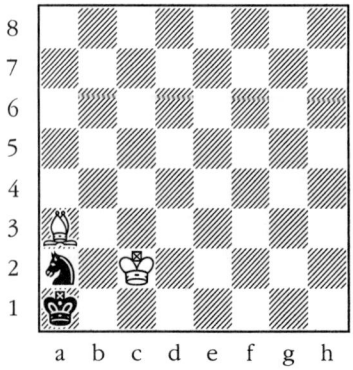

69

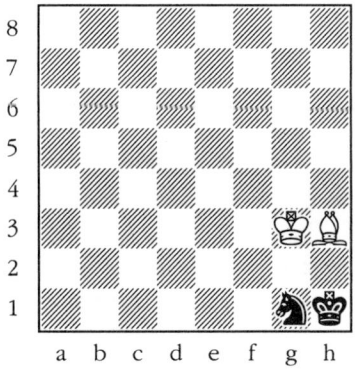

70

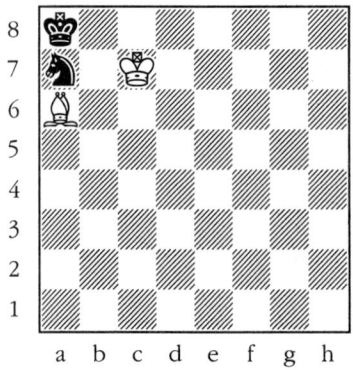

71

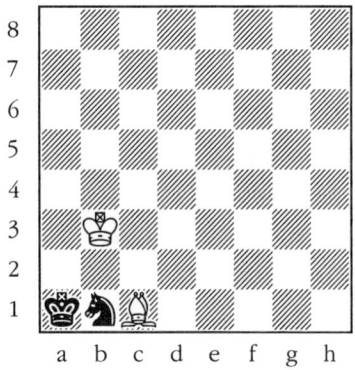

72

King + bishop vs. king + pawn

White to move.

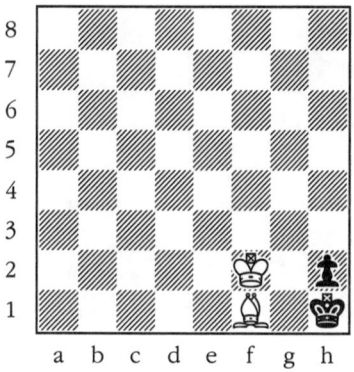

73

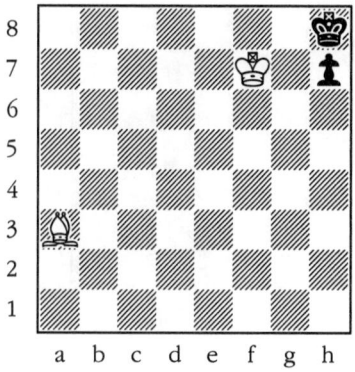

74

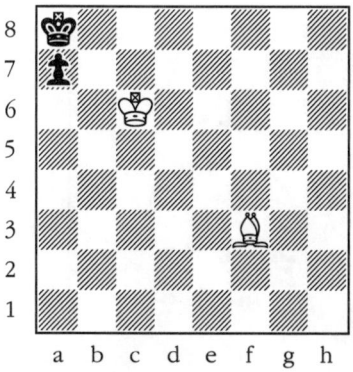

75

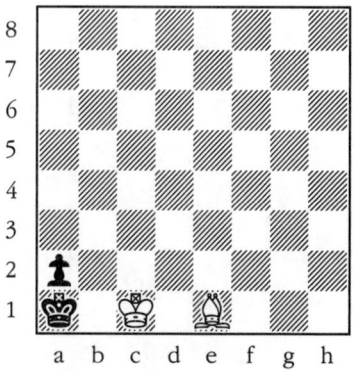

76

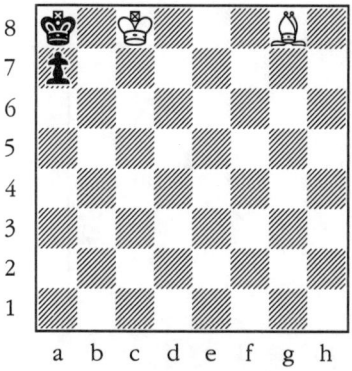

77

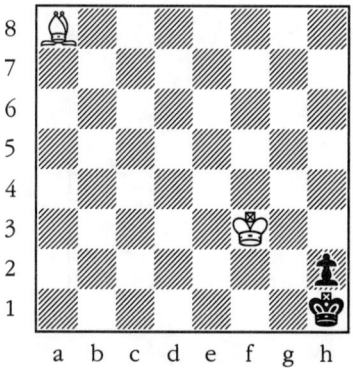

78

King + queen vs. king + rook

White to move.

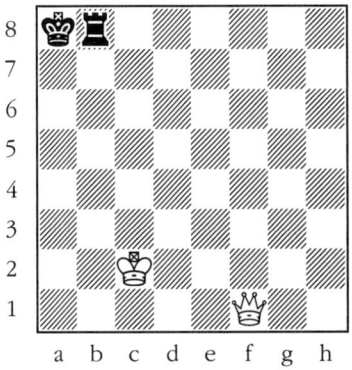

79

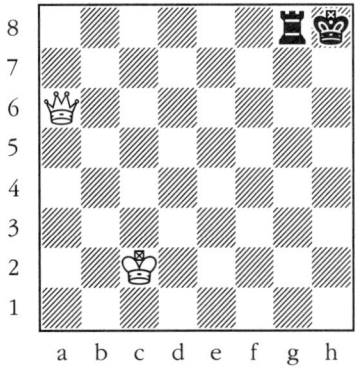

80

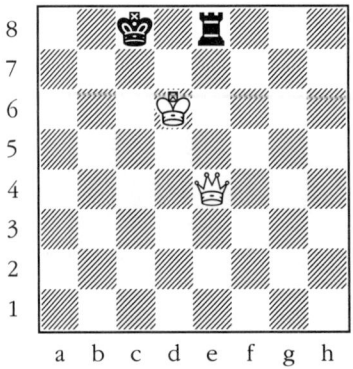

81

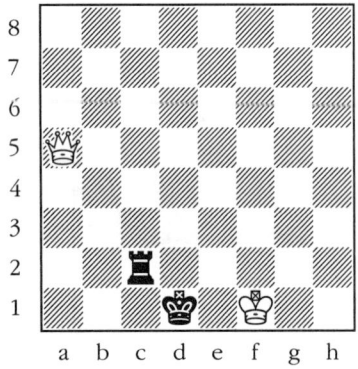

82

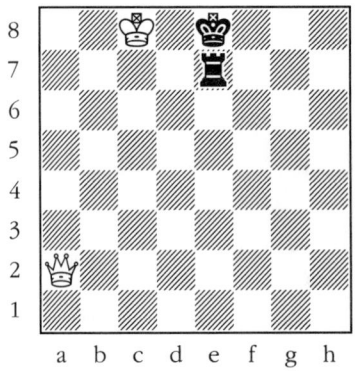

83

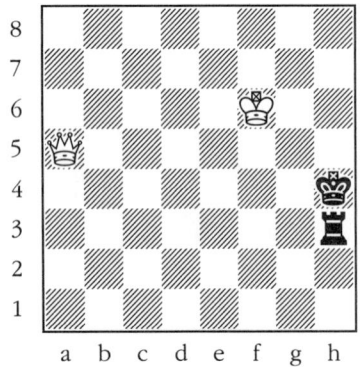

84

King + queen vs. king + rook

Black to move.

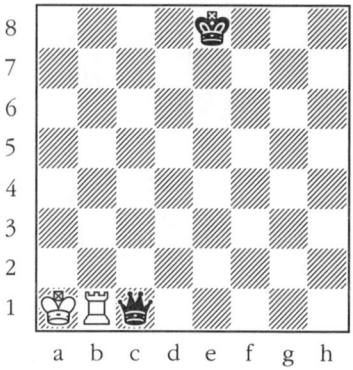

85

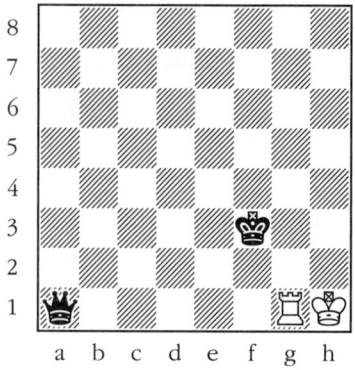

86

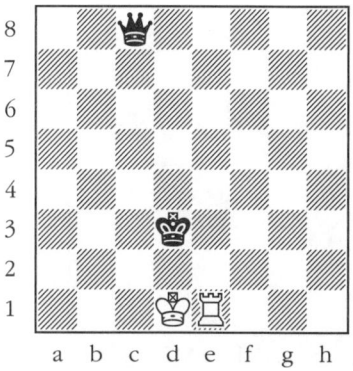

87

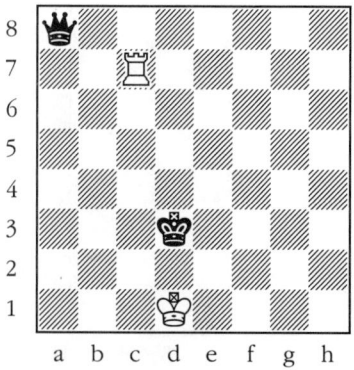

88

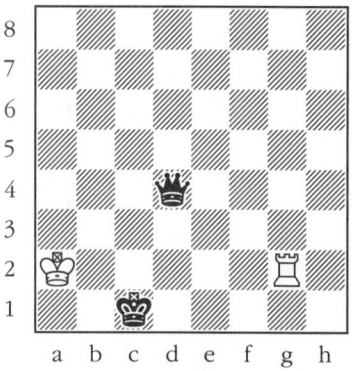

89

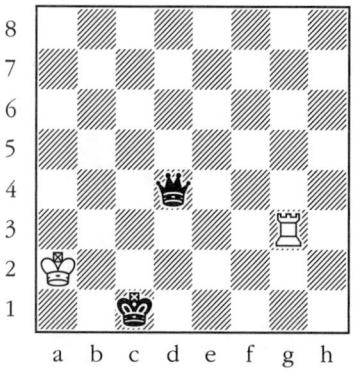

90

King + queen vs. king + bishop

White to move.

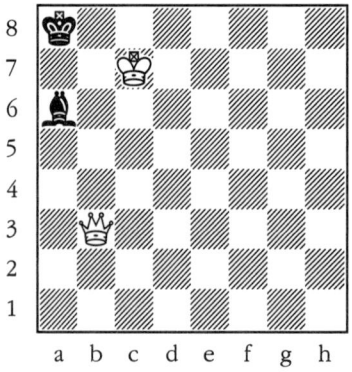

91

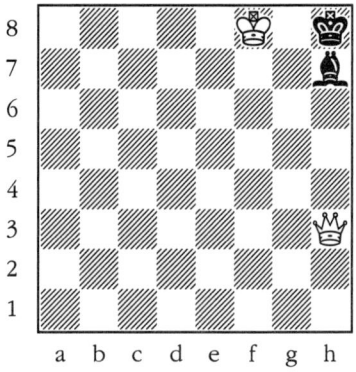

92

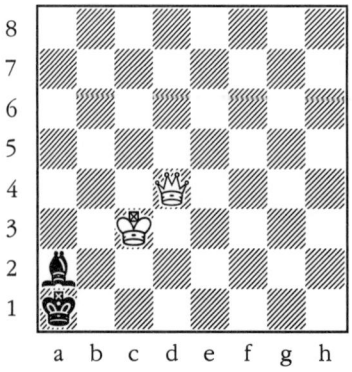

93

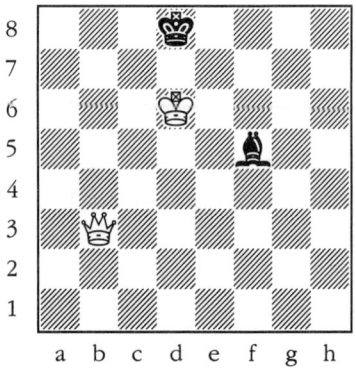

94

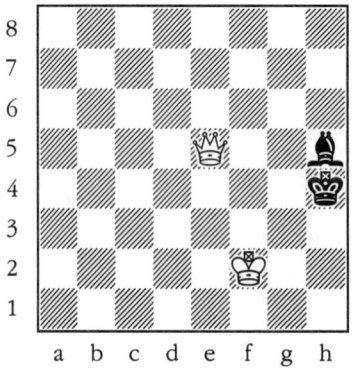

95

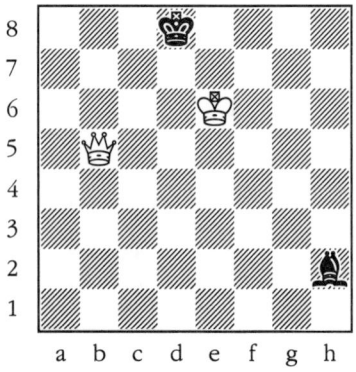

96

King + queen vs. king + queen

White to move.

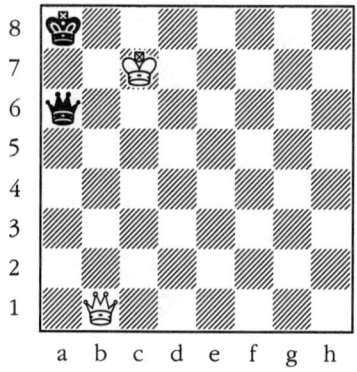

97

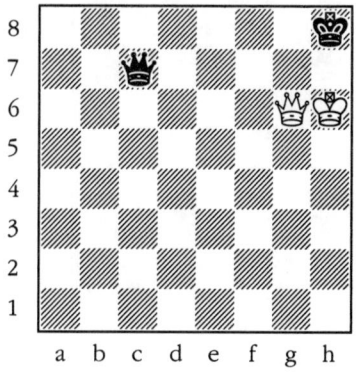

98

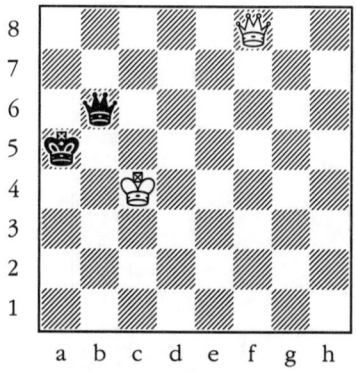

99

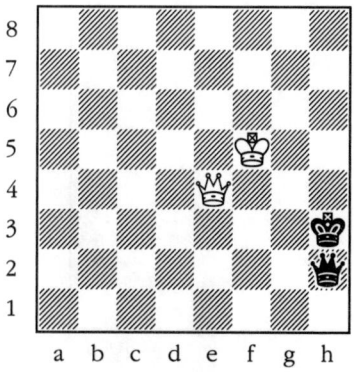

100

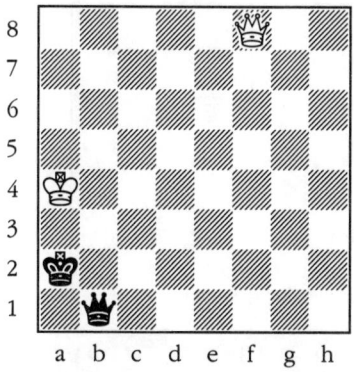

101

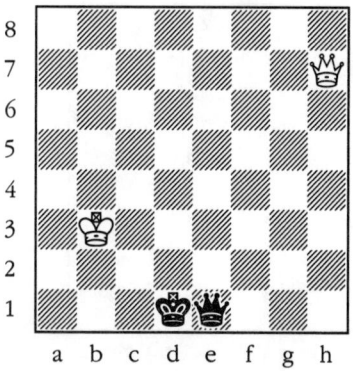

102

King + queen vs. king + queen

Black to move.

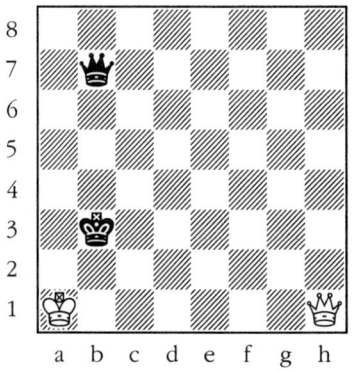

103

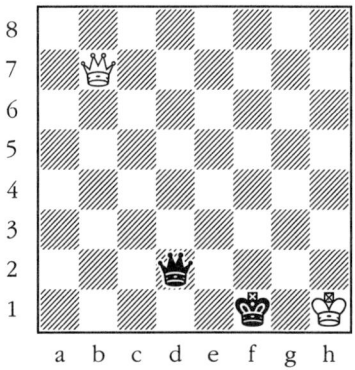

104

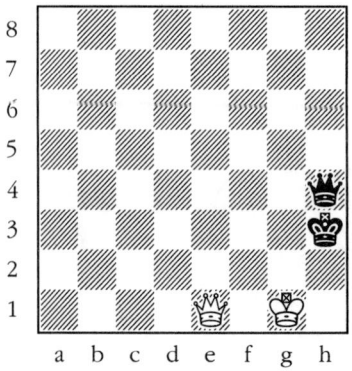

105

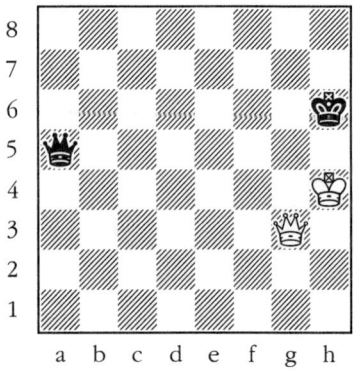

106

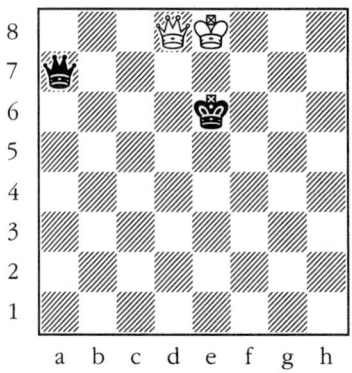

107

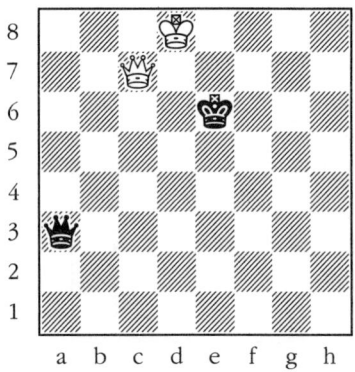

108

King + queen vs. king + knight

White to move.

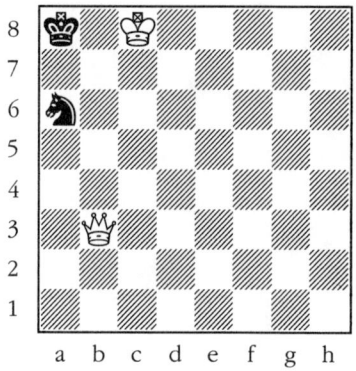

109

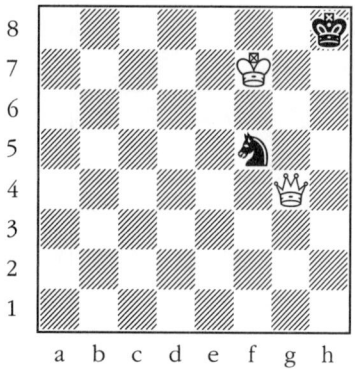

110

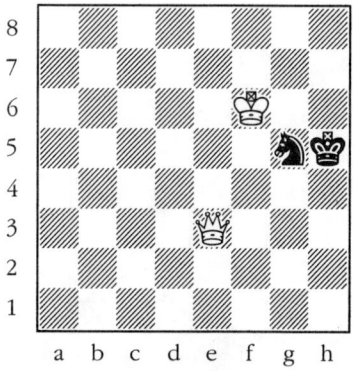

111

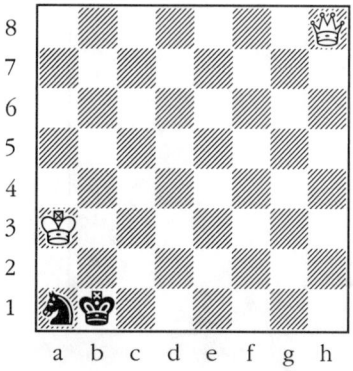

112

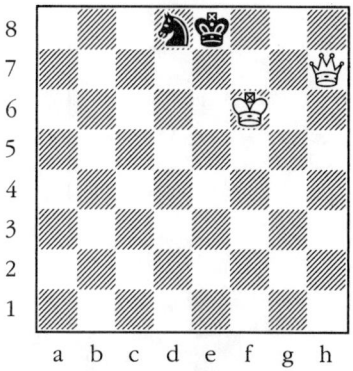

113

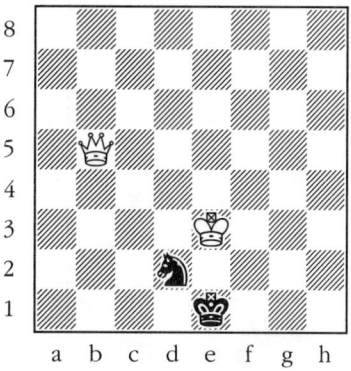

114

King + queen vs. king + pawn

White to move.

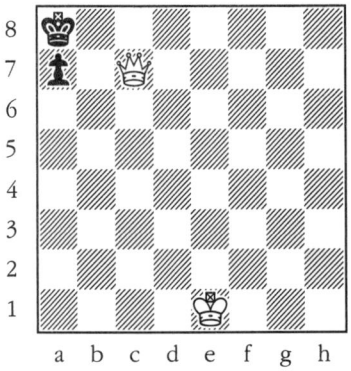

115

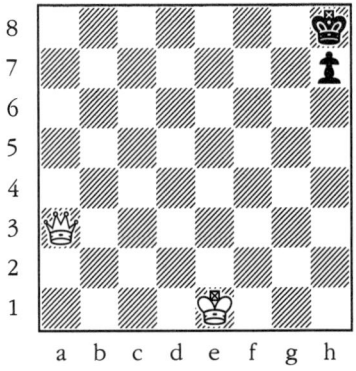

116

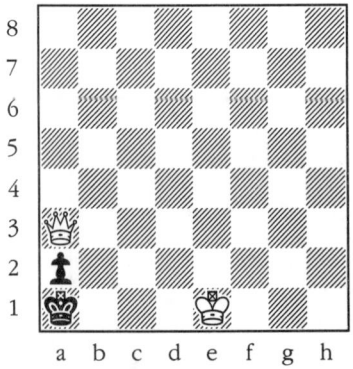

117

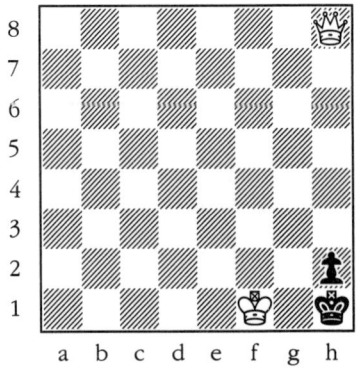

118

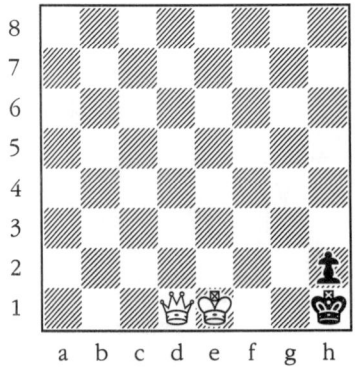

119

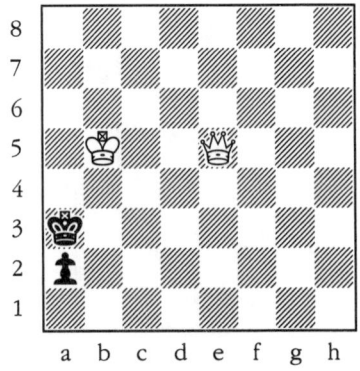

120

King + queen vs. king + pawn

Black to move.

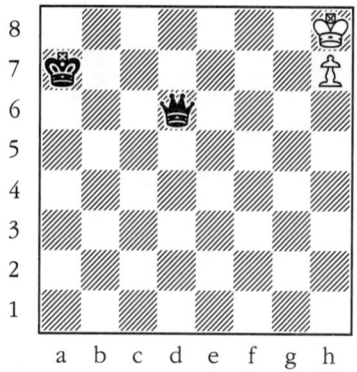

121

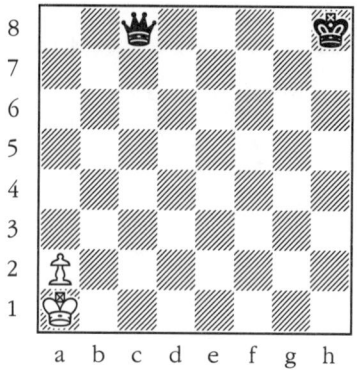

122

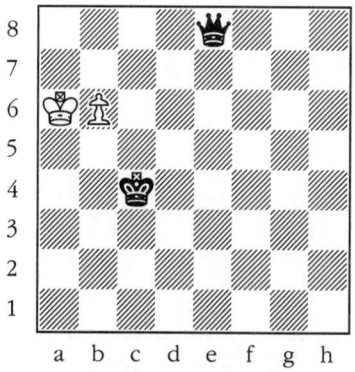

123

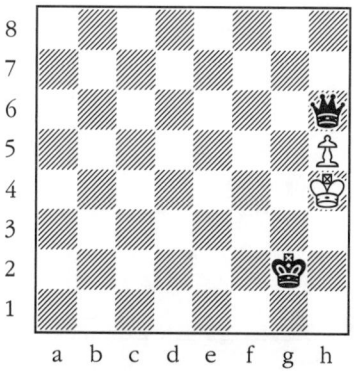

124

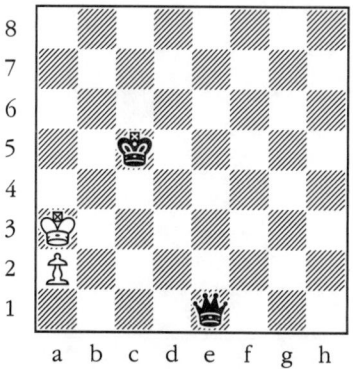

125

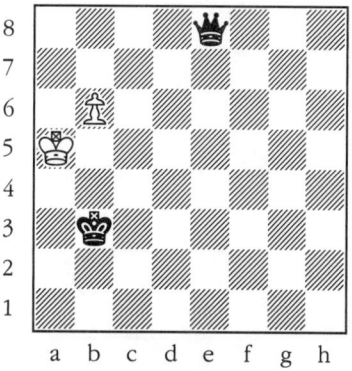

126

King + knight vs. king + rook

King + knight vs. king + bishop

White to move.

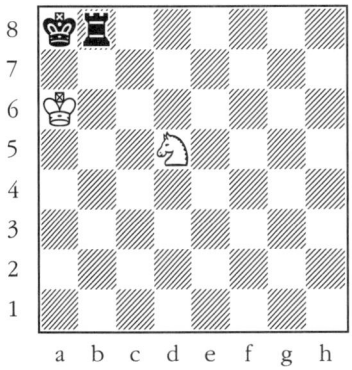

127

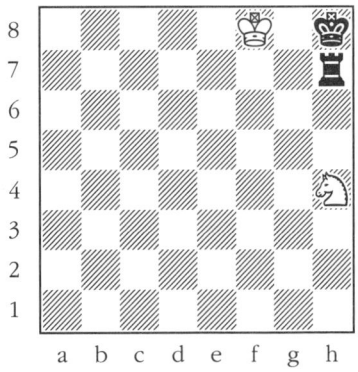

128

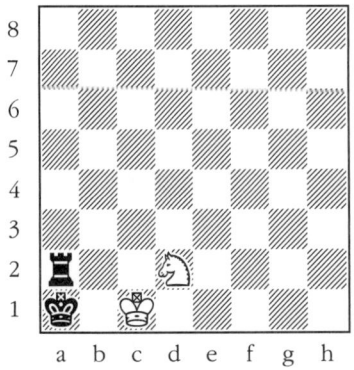

129

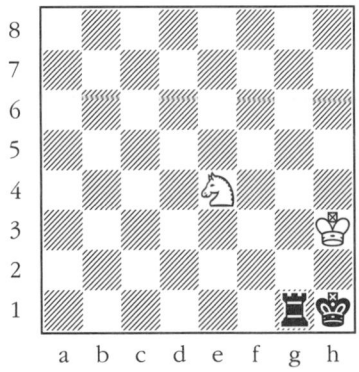

130

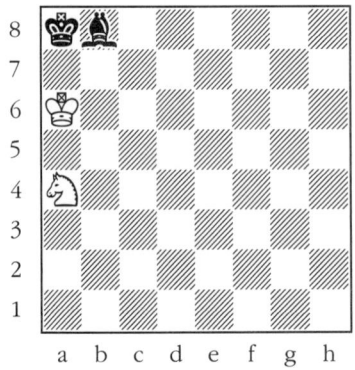

131

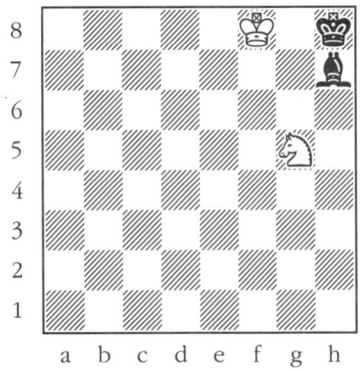

132

King + knight vs. king + bishop

King + knight vs. king + knight

White to move.

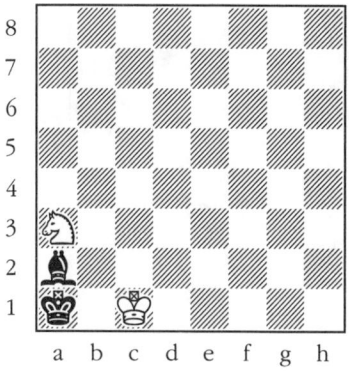

133

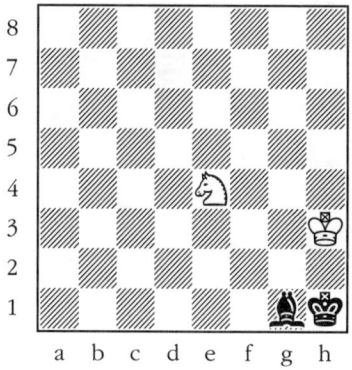

134

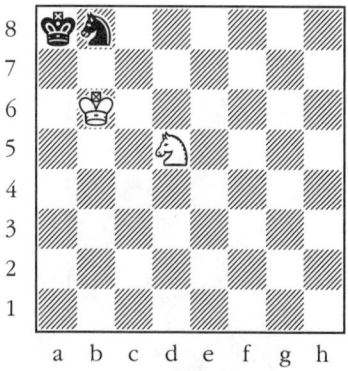

135

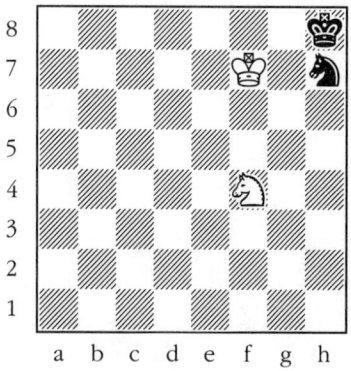

136

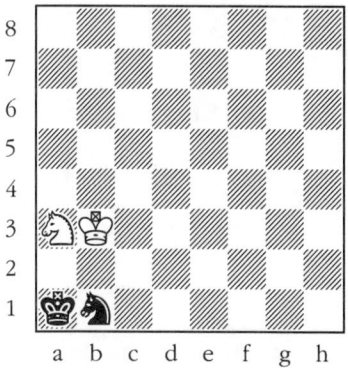

137

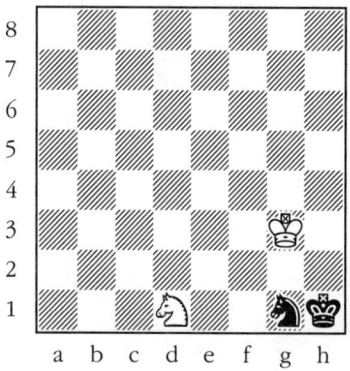

138

King + knight vs. king + pawn

Black to move.

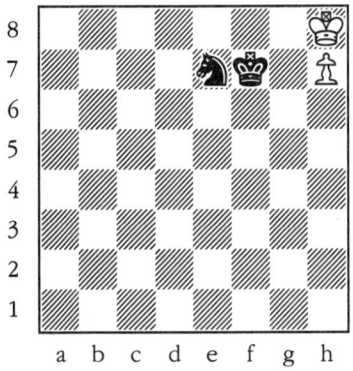

139

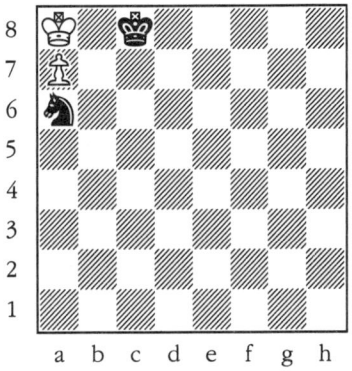

140

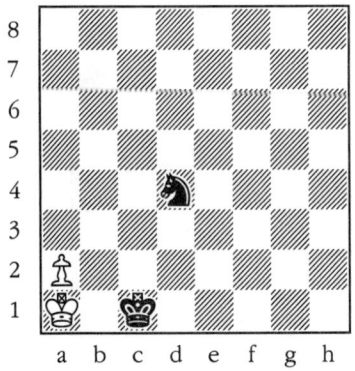

141

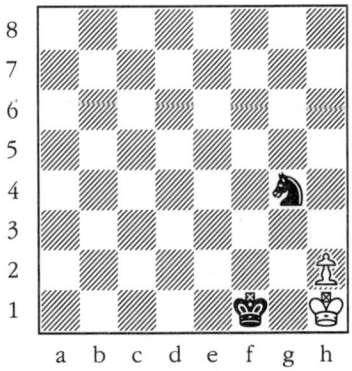

142

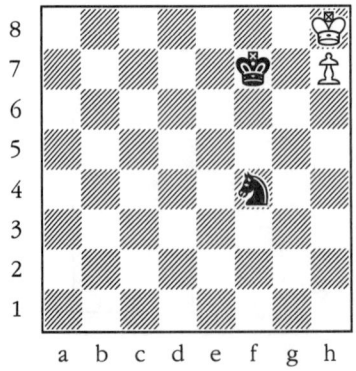

143

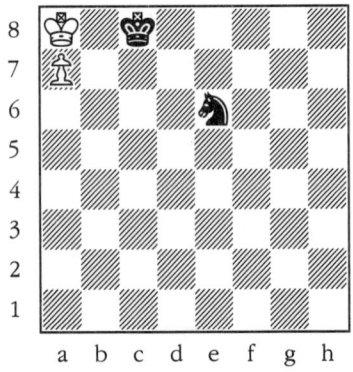

144

King + pawn vs. king + rook

White to move.

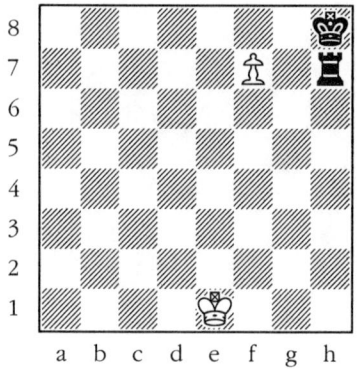

145

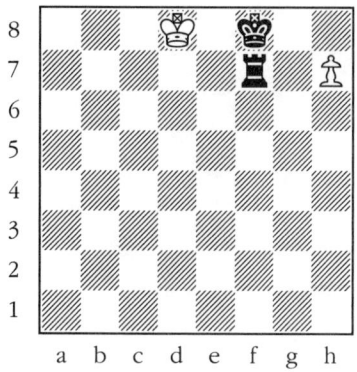

146

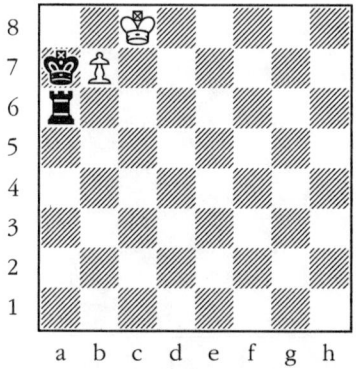

147

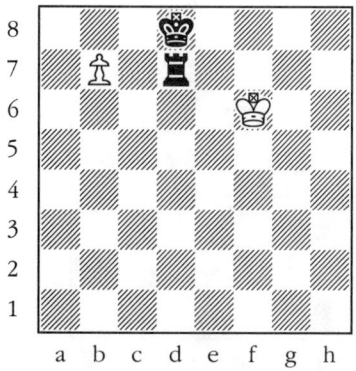

148

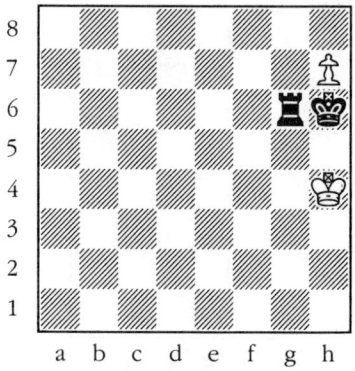

149

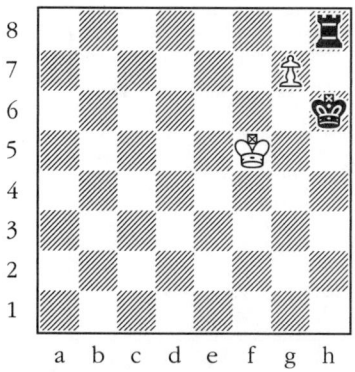

150

King + pawn vs. king + bishop

White to move.

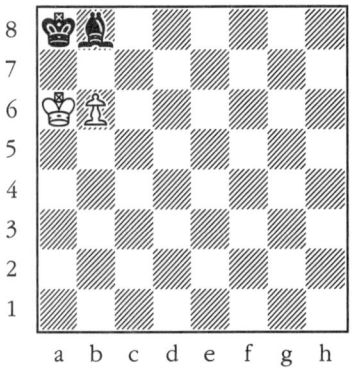

151

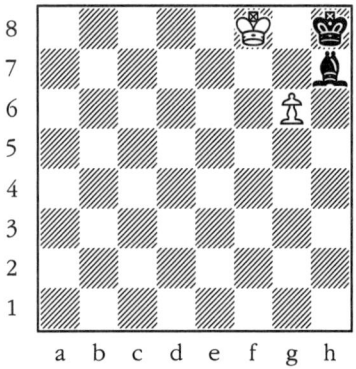

152

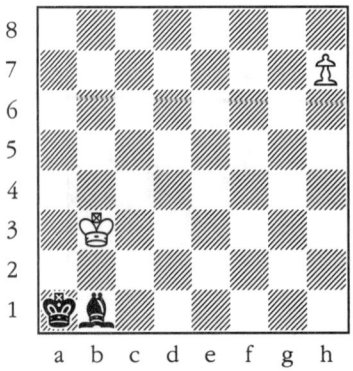

153

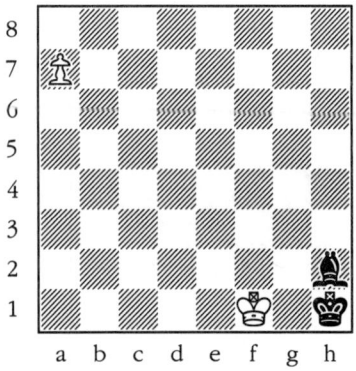

154

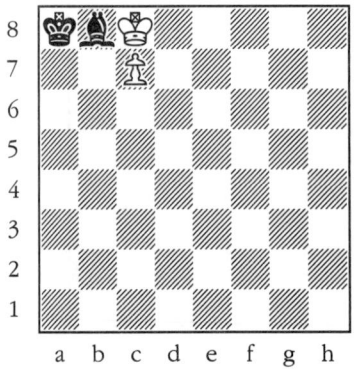

155

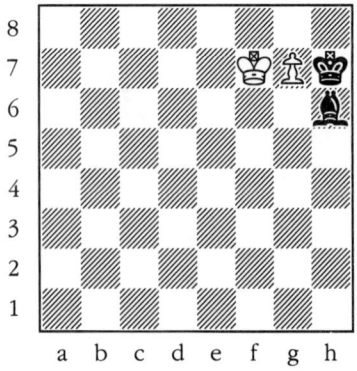

156

King + pawn vs. king + queen

Black to move.

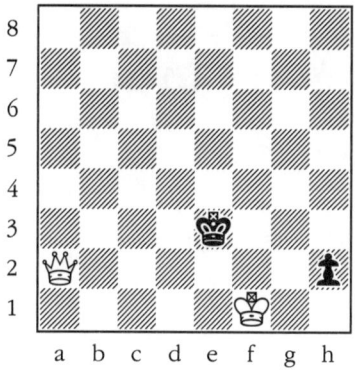

157

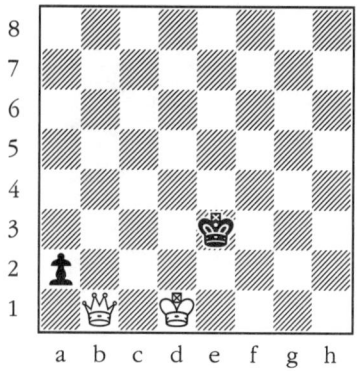

158

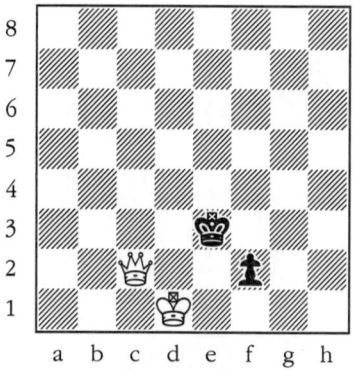

159

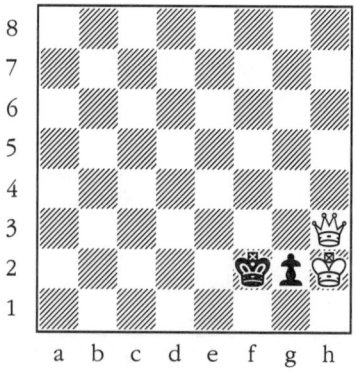

160

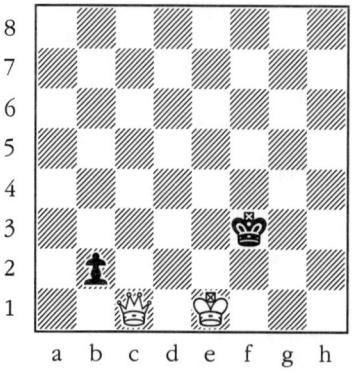

161

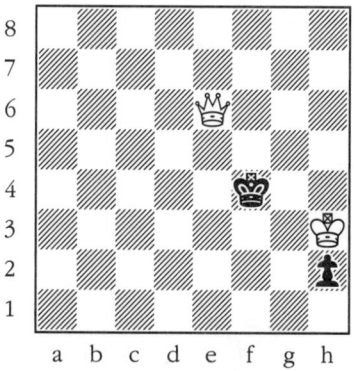

162

King + pawn vs. king + knight

White to move.

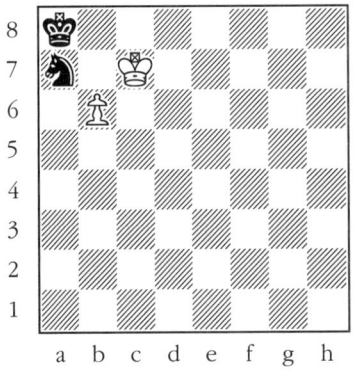

163

164

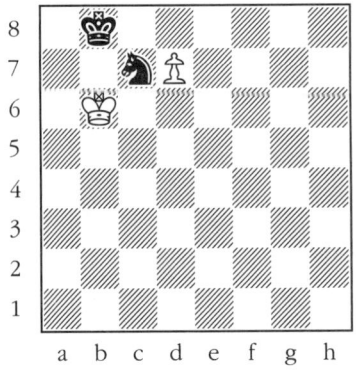

165

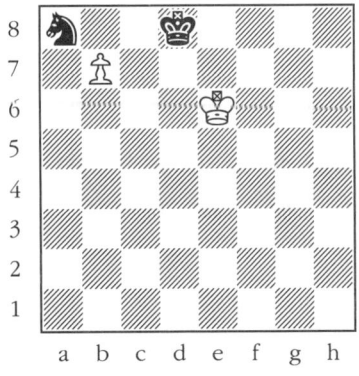

166

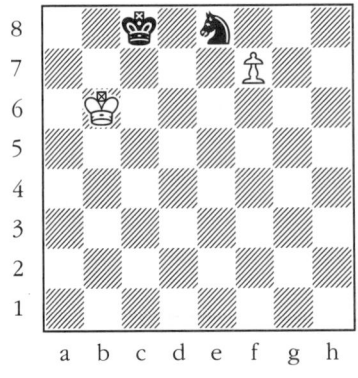

167

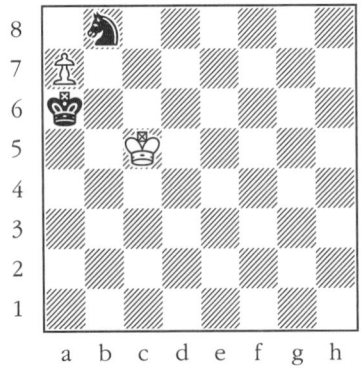

168

King + pawn vs. king + pawn

White to move.

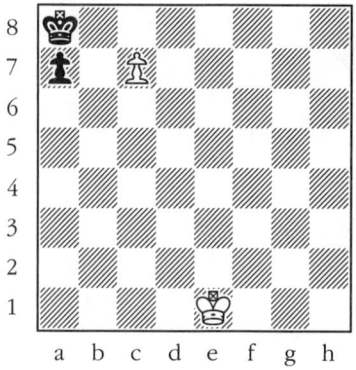

169

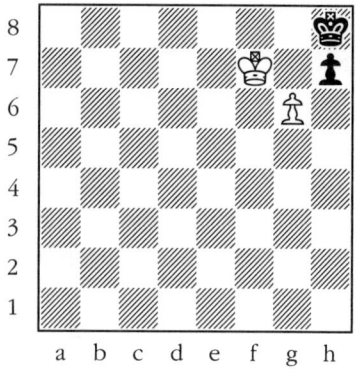

170

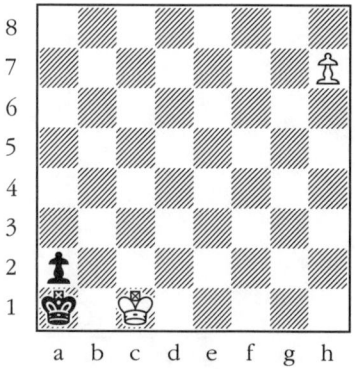

171

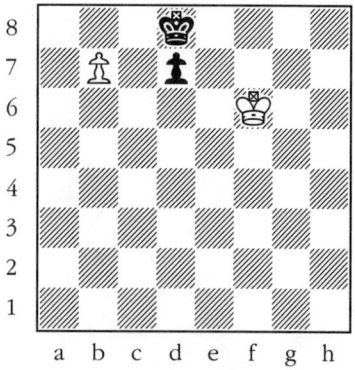

172

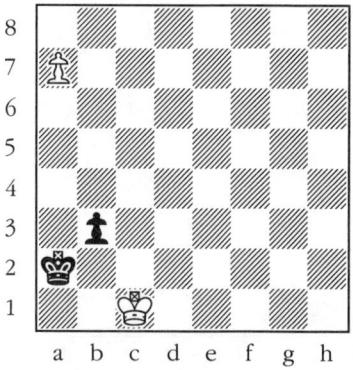

173

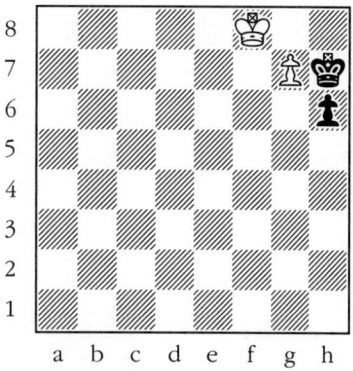

174

King + two rooks vs. king

White to move.

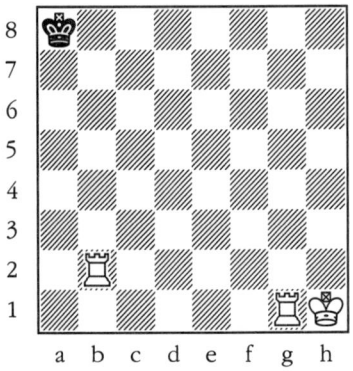

175

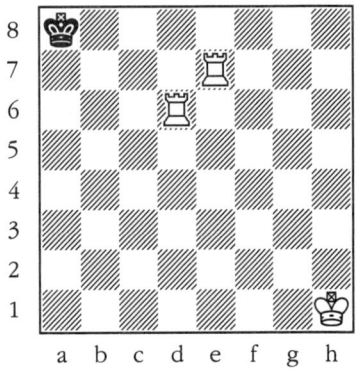

176

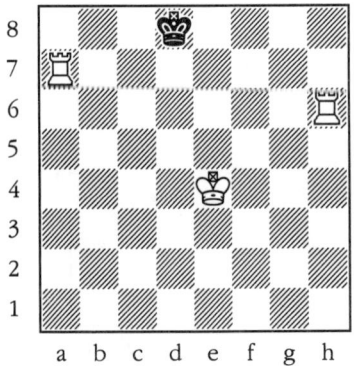

177

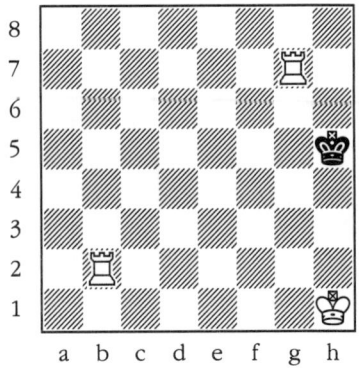

178

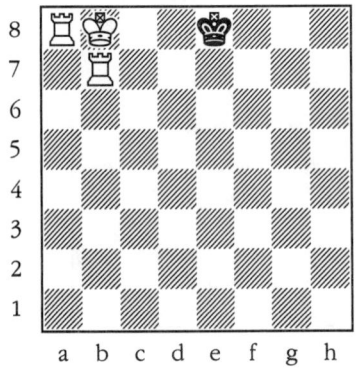

179

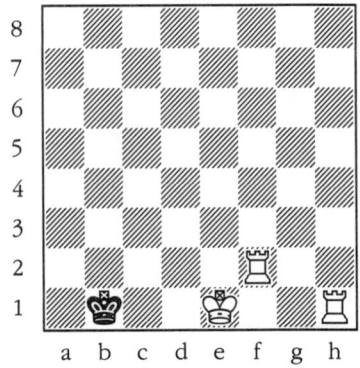

180

King + two rooks vs. king

Black to move.

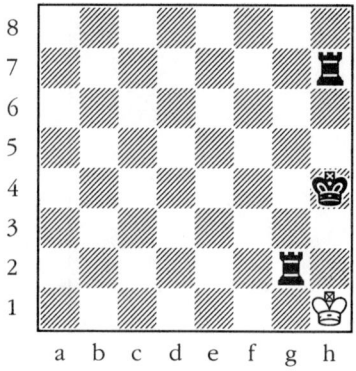

181

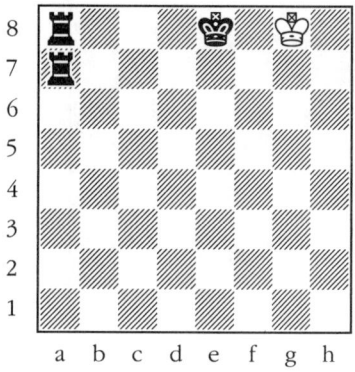

182

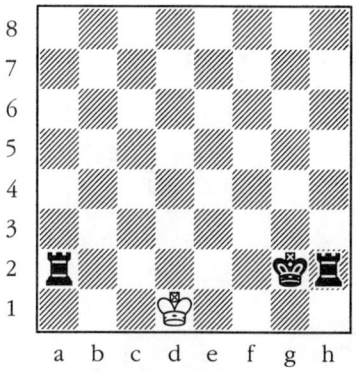

183

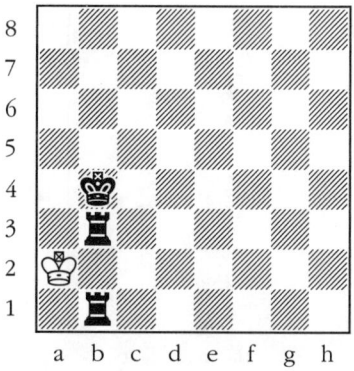

184

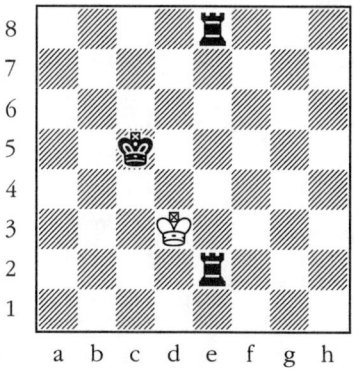

185

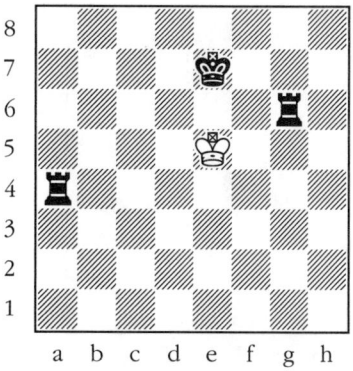

186

King + two bishops vs. king

White to move.

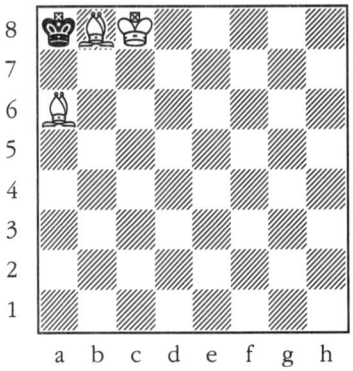

187

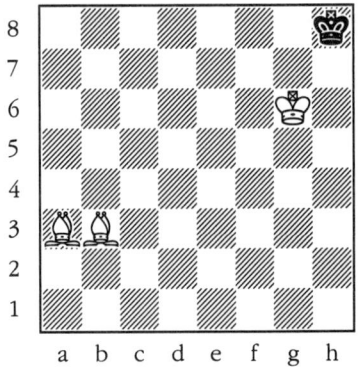

188

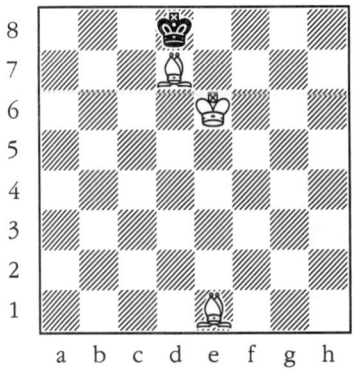

189

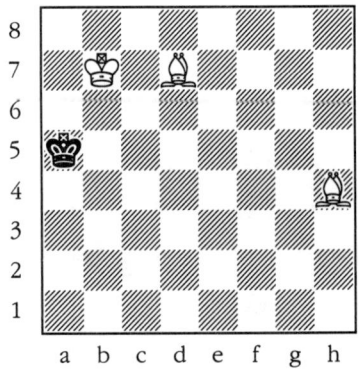

190

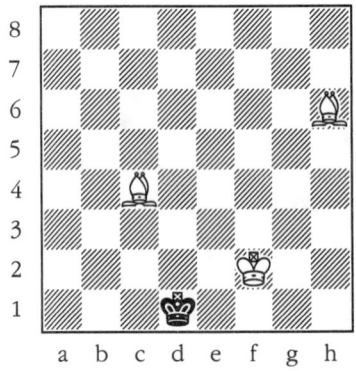

191

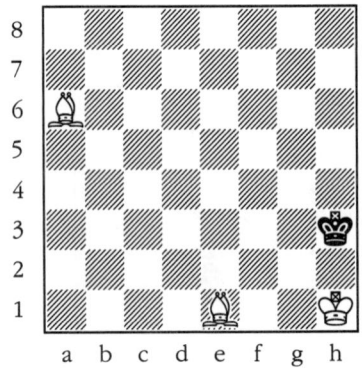

192

King + two queens vs. king

White to move.

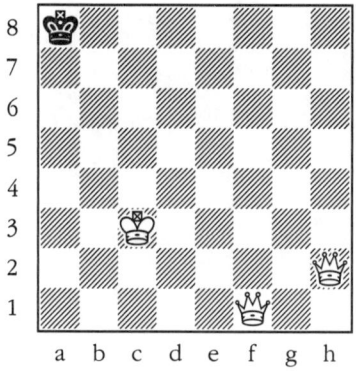

193

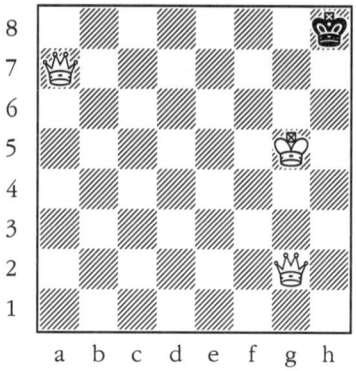

194

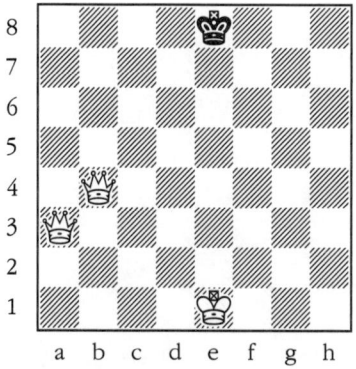

195

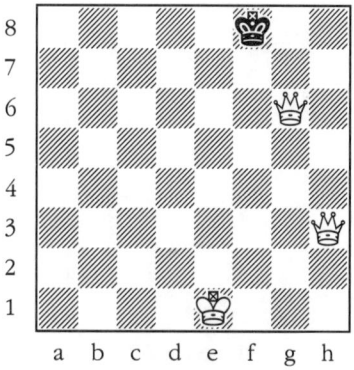

196

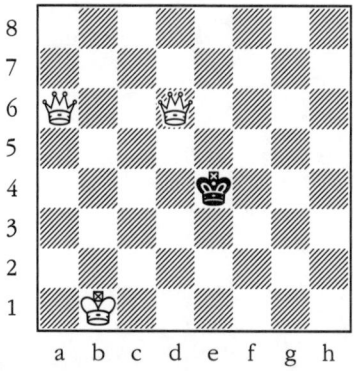

197

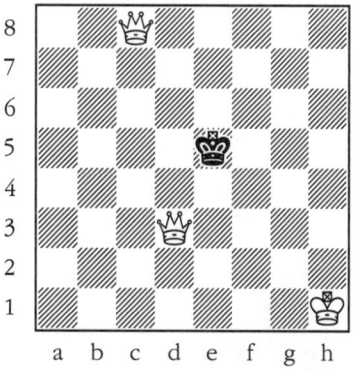

198

King + two knights vs. king

White to move.

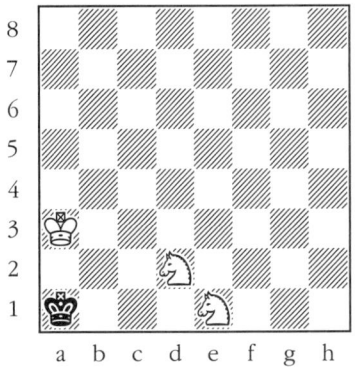

199

200

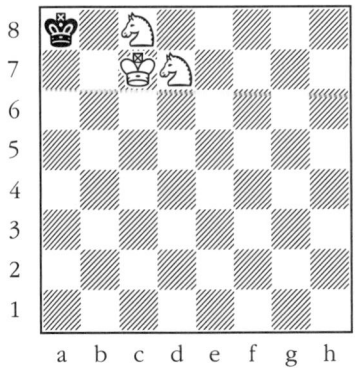

201

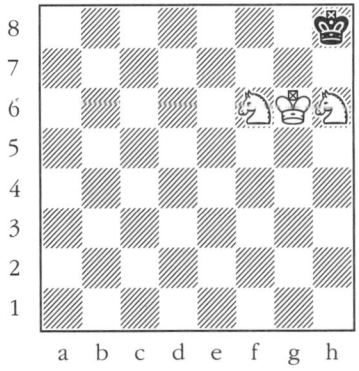

202

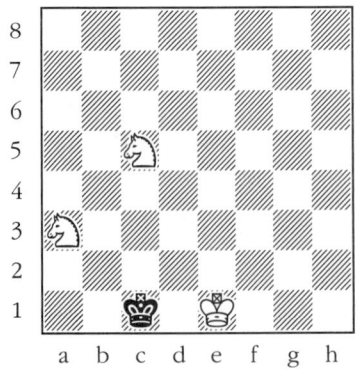

203

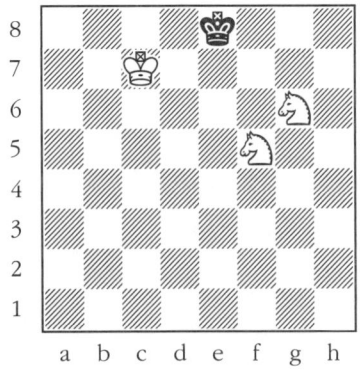

204

King + two pawns vs. king

White to move.

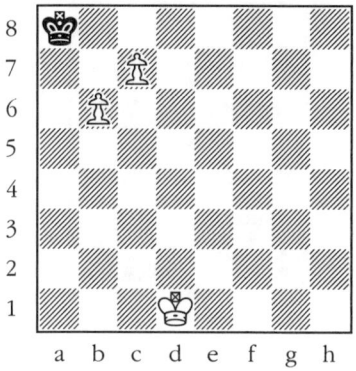

205

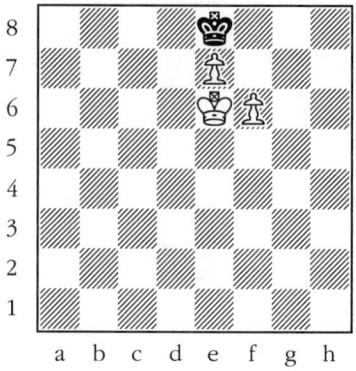

206

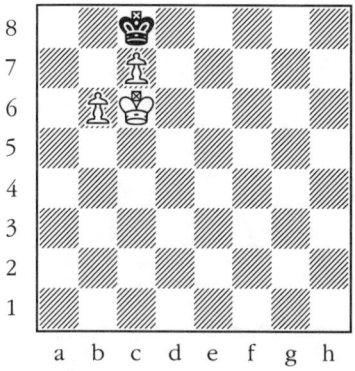

207

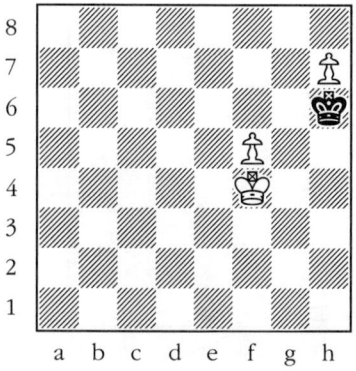

208

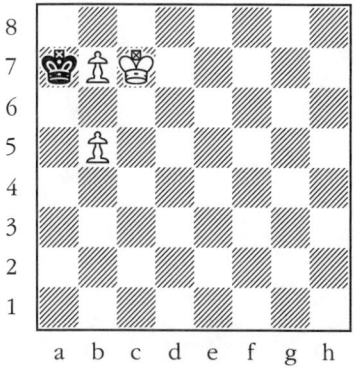

209

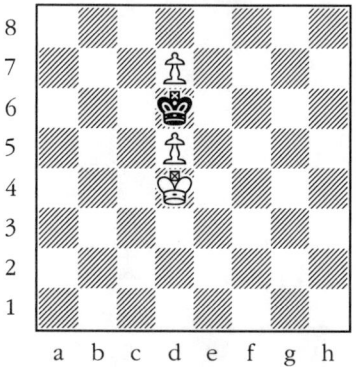

210

King + two pawns vs. king

Black to move.

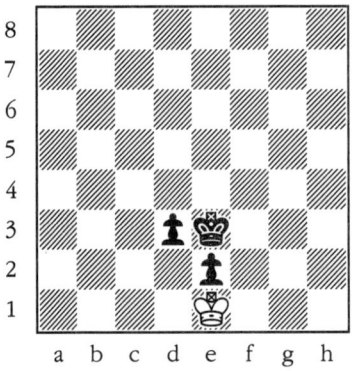

211

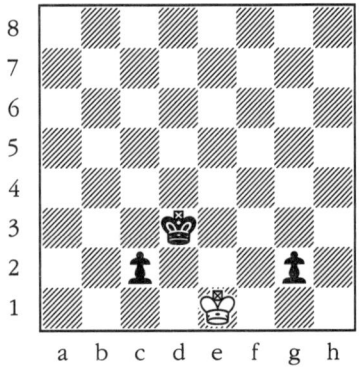

212

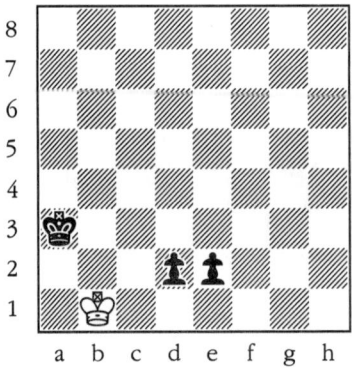

213

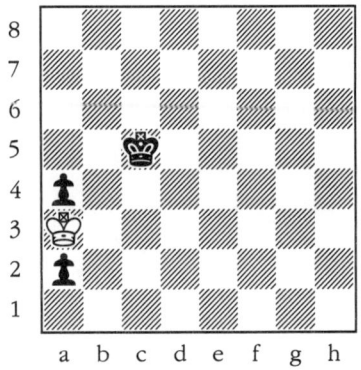

214

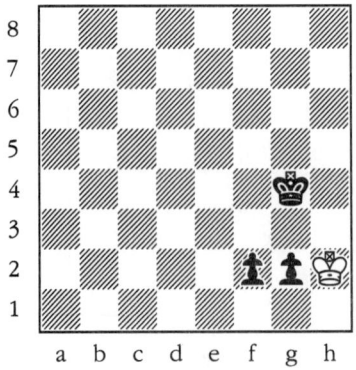

215

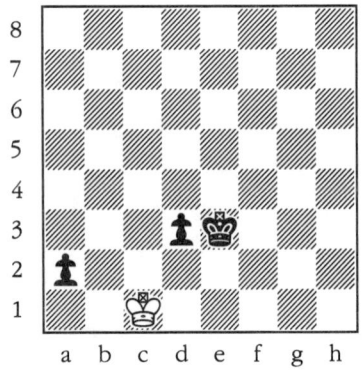

216

King + rook + bishop vs. king

White to move.

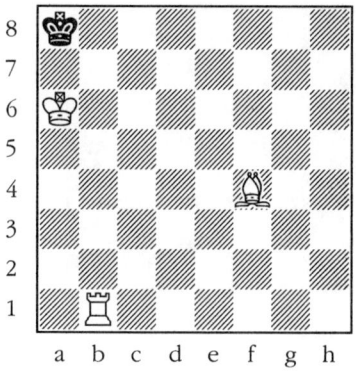

217

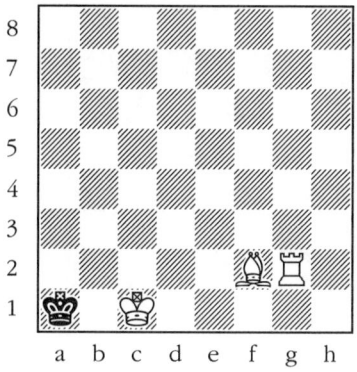

218

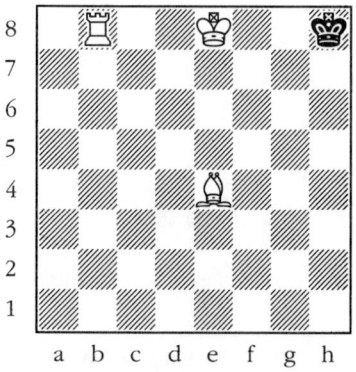

219

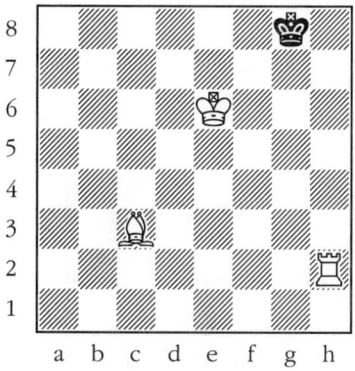

220

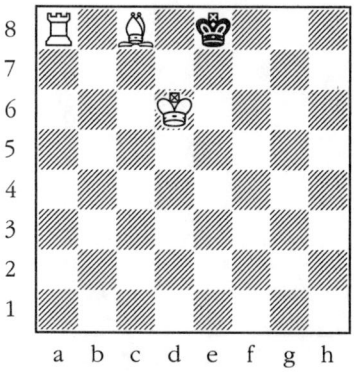

221

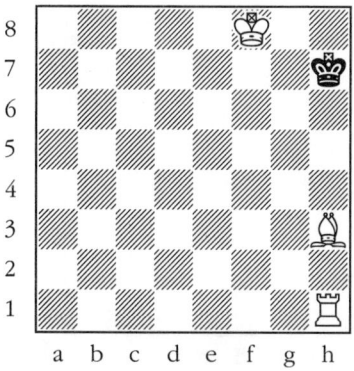

222

King + queen + rook vs. king

White to move.

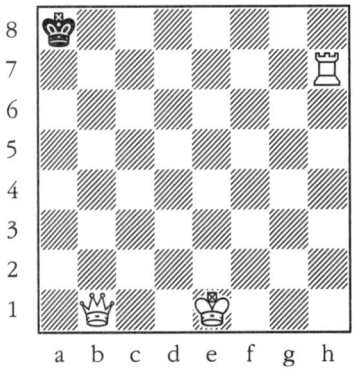

223

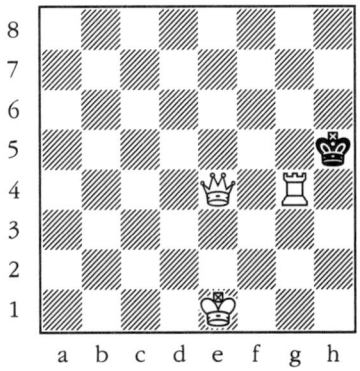

224

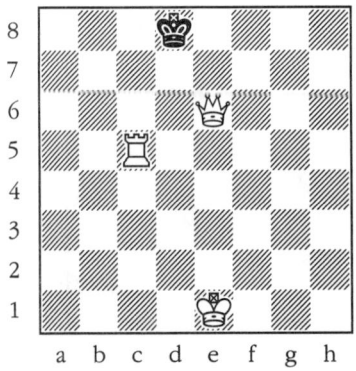

225

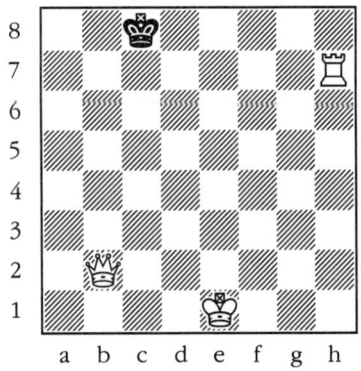

226

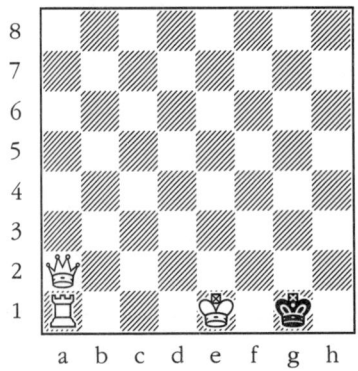

227

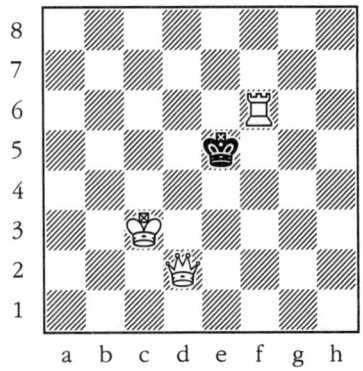

228

King + rook + queen vs. king

Black to move.

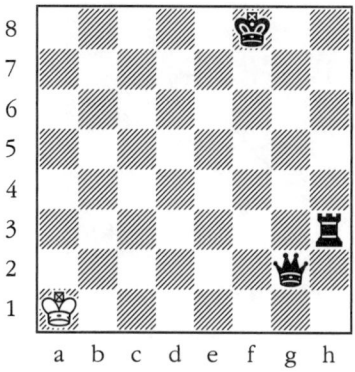

229

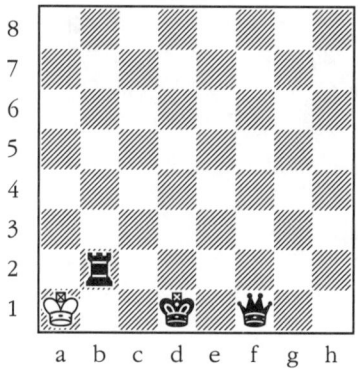

230

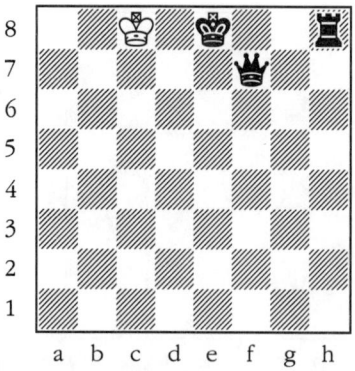

231

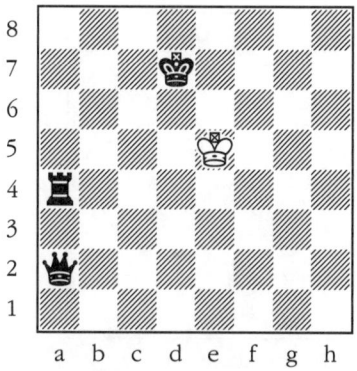

232

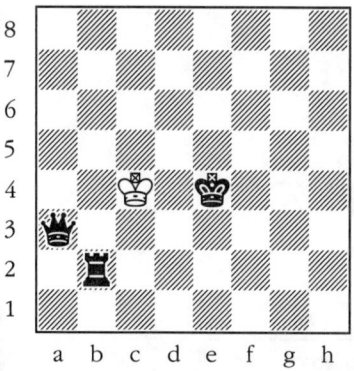

233

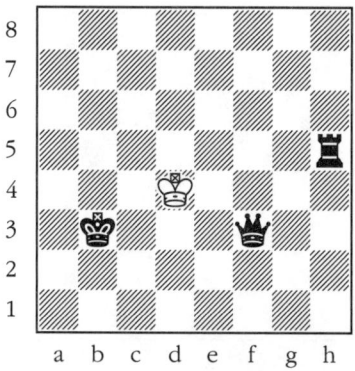

234

King + rook + knight vs. king

White to move.

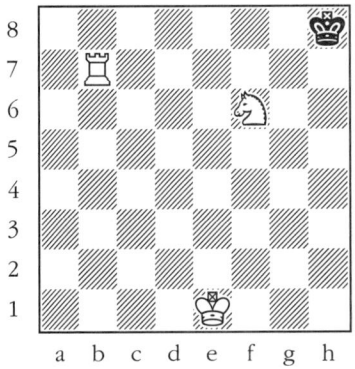

235

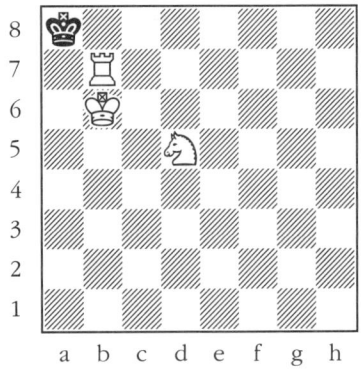

236

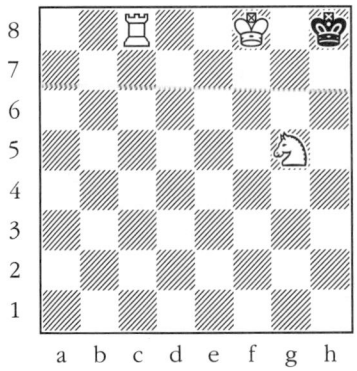

237

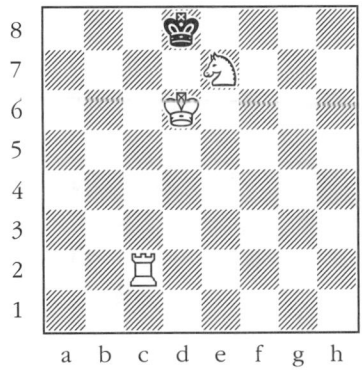

238

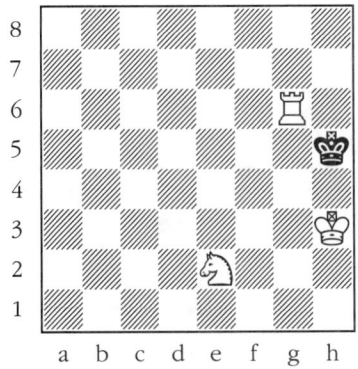

239

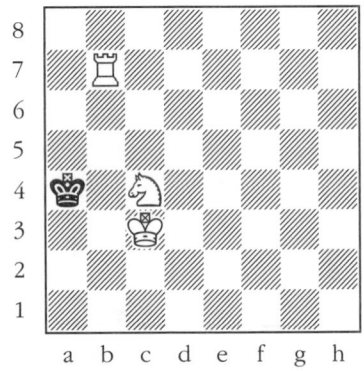

240

King + rook + pawn vs. king

White to move.

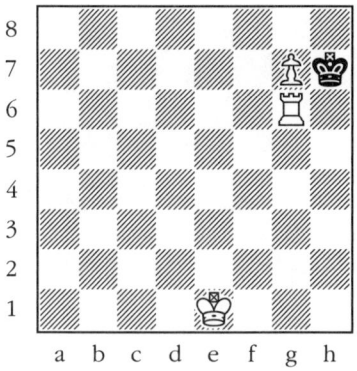

241

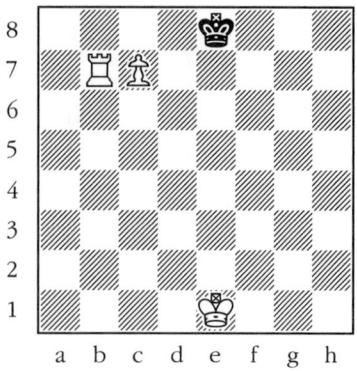

242

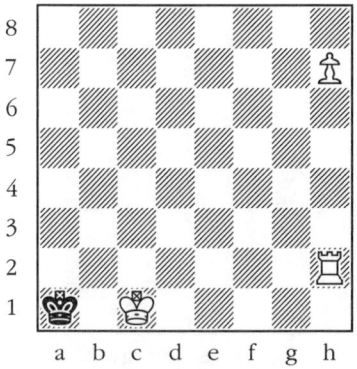

243

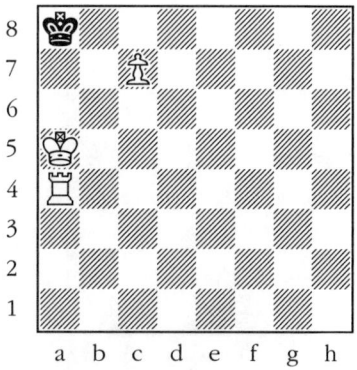

244

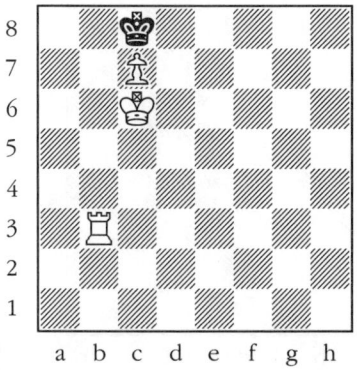

245

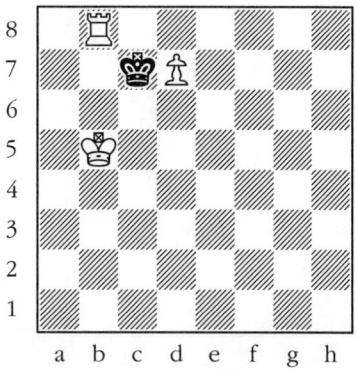

246

King + bishop + queen vs. king

White to move.

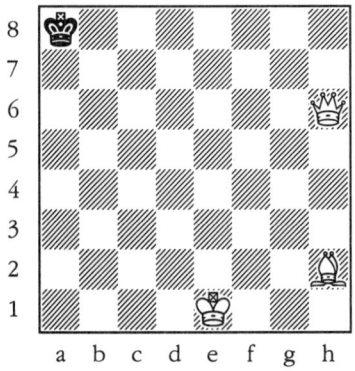

247

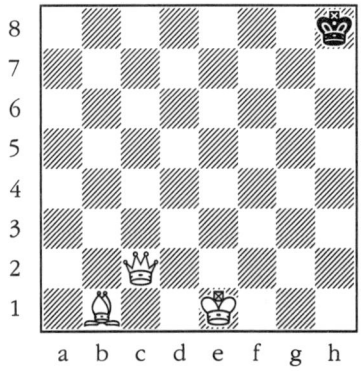

248

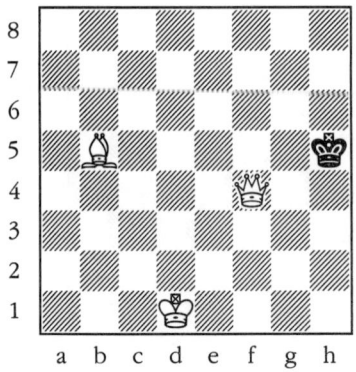

249

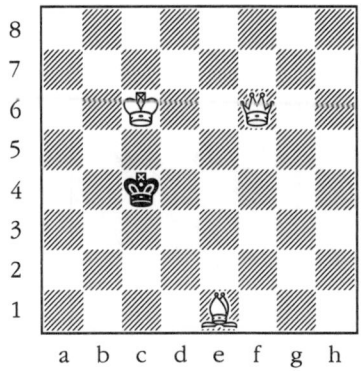

250

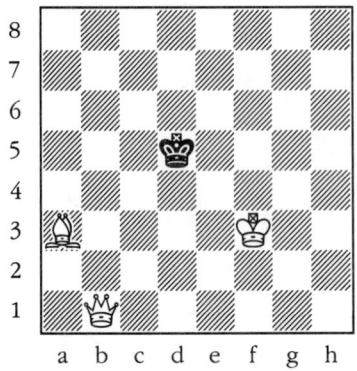

251

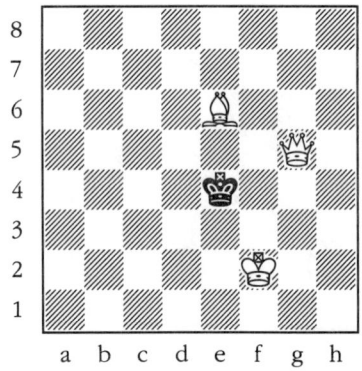

252

King + bishop + knight vs. king

White to move.

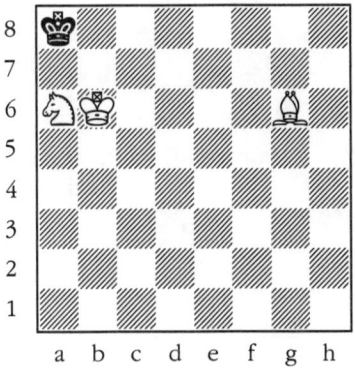

253

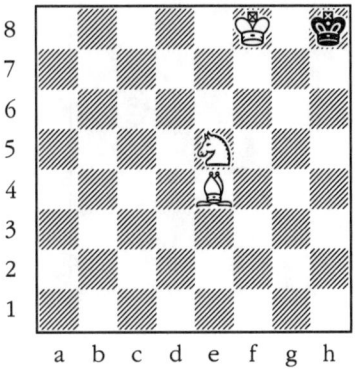

254

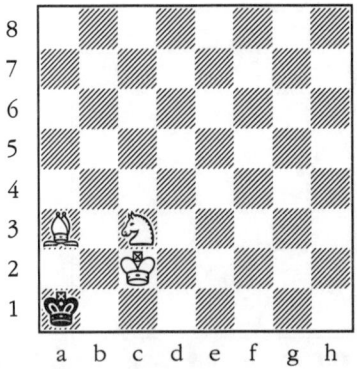

255

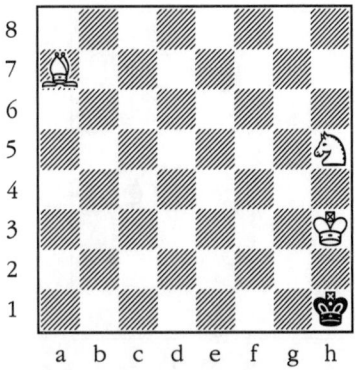

256

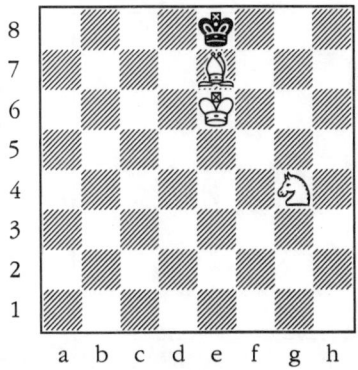

257

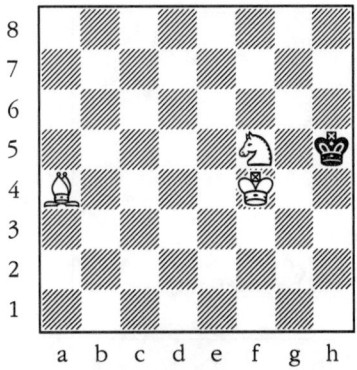

258

King + bishop + pawn vs. king

Black to move.

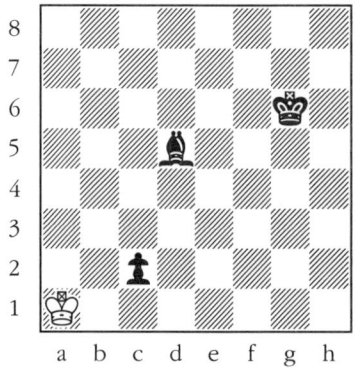

259

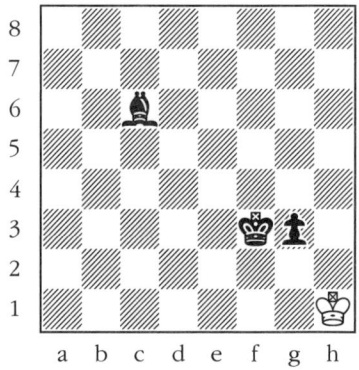

260

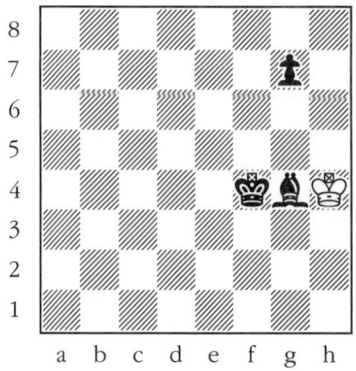

261

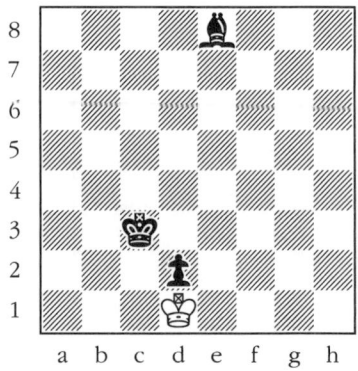

262

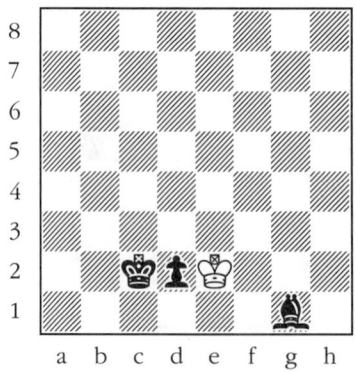

263

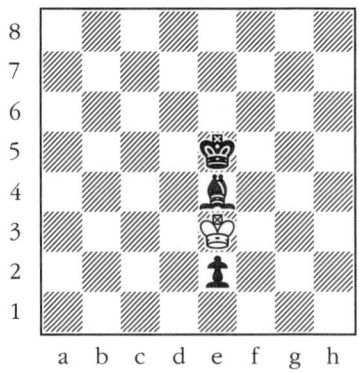

264

King + queen + knight vs. king

White to move.

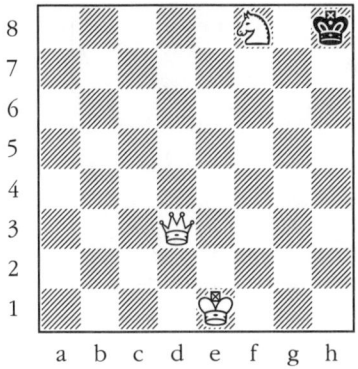

265

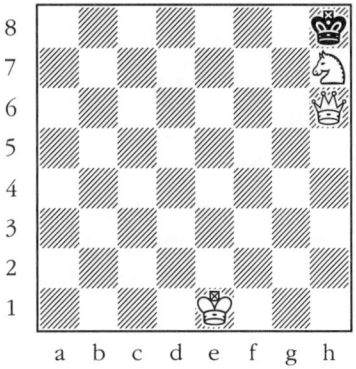

266

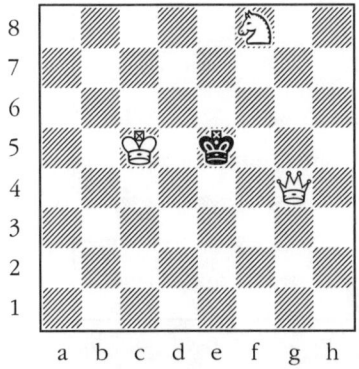

267

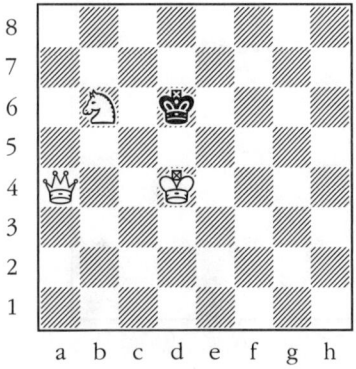

268

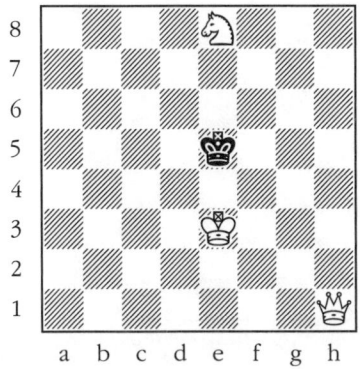

269

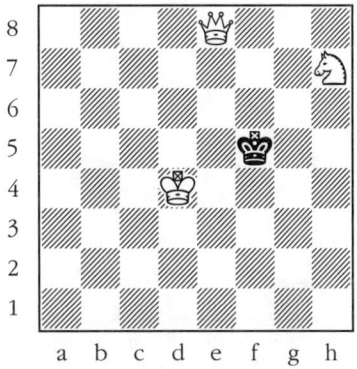

270

King + queen + pawn vs. king

White to move.

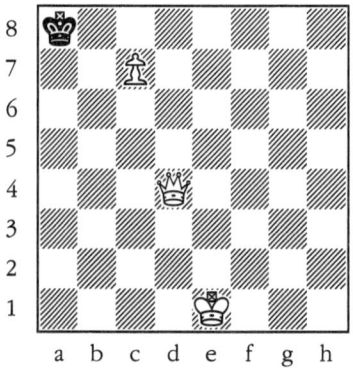

271

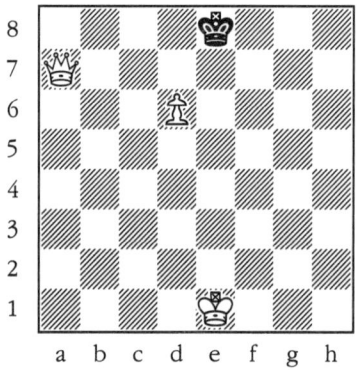

272

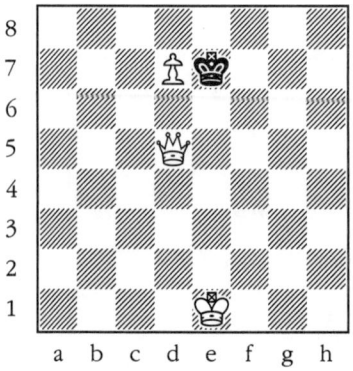

273

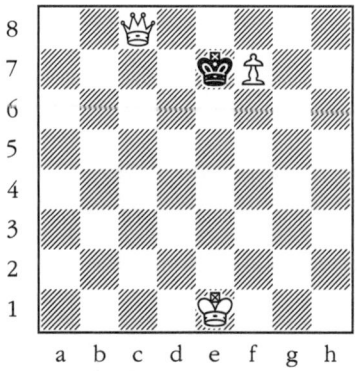

274

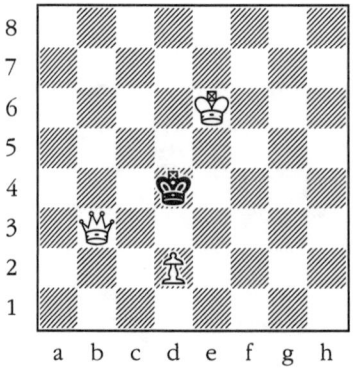

275

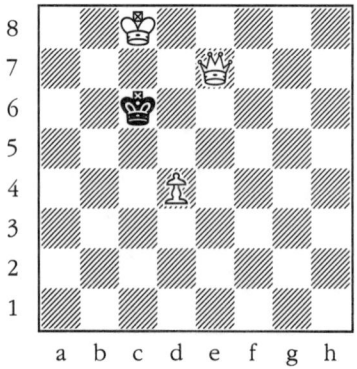

276

King + knight + pawn vs. king

White to move.

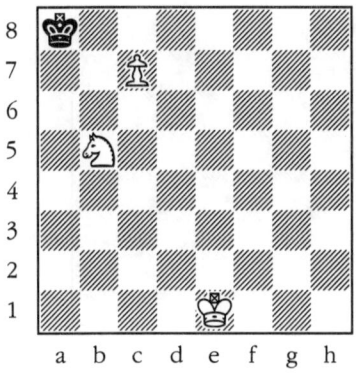

277

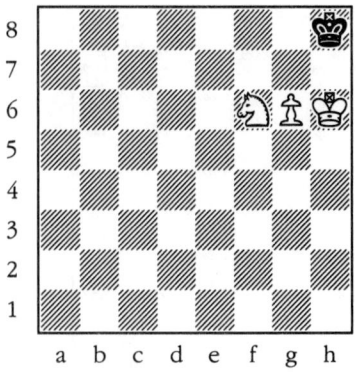

278

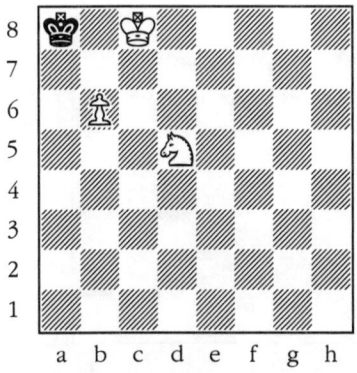

279

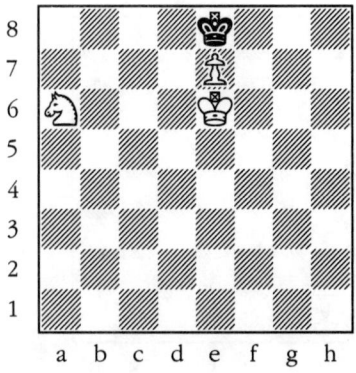

280

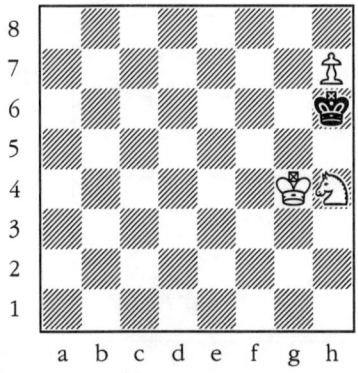

281

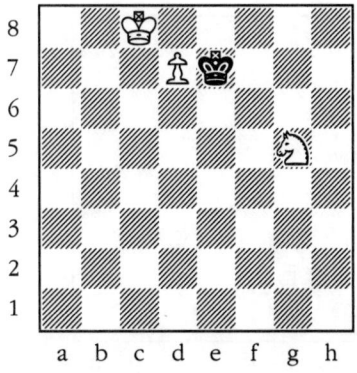

282

Positions with Five Pieces

King + rook vs. king + two rooks

Black to move.

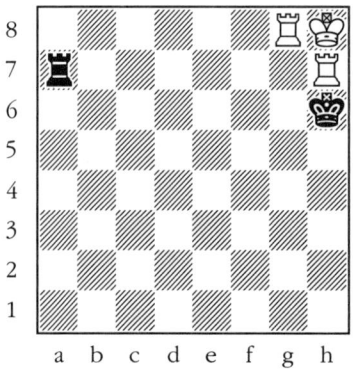

283

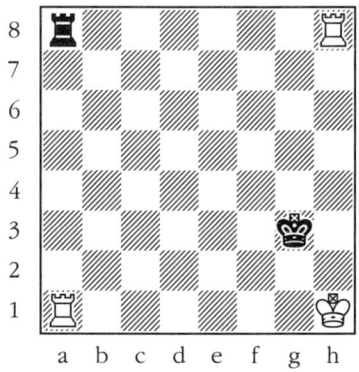

284

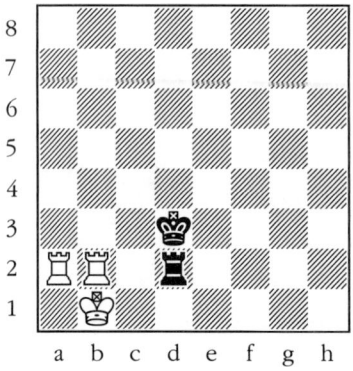

285

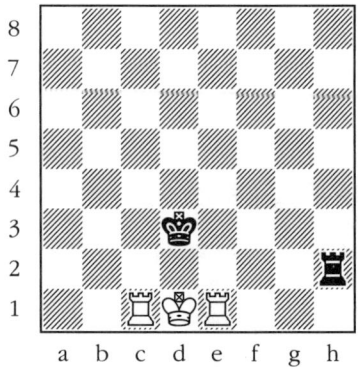

286

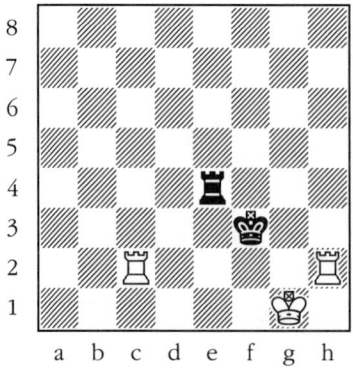

287

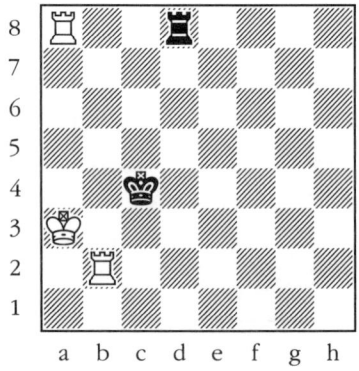

288

King + rook vs. king + two knights

King + rook vs. king + two pawns

White to move.

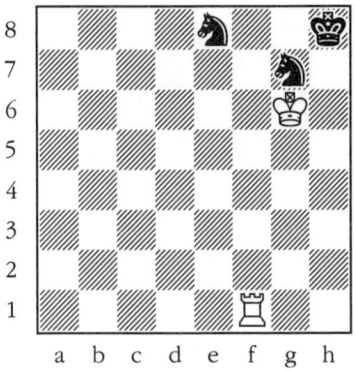

289

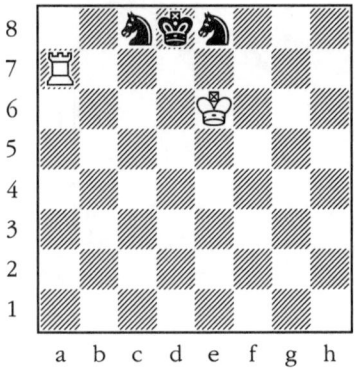

290

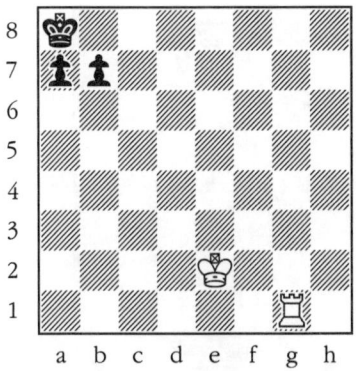

291

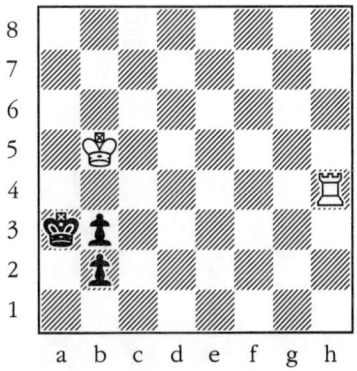

292

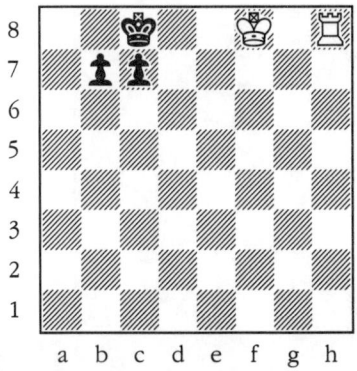

293

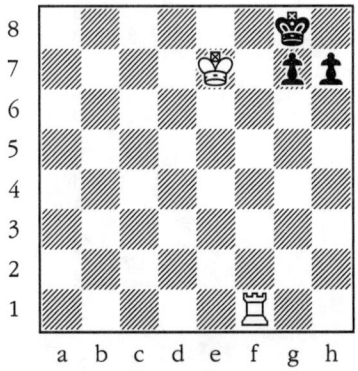

294

King + rook vs. king + rook + bishop

King + rook vs. king + rook + queen

White to move.

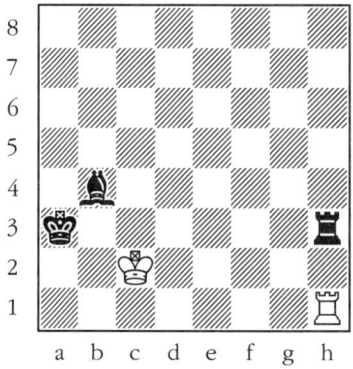

295

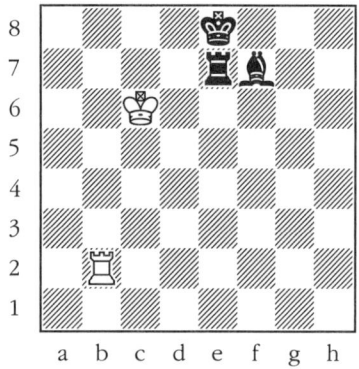

296

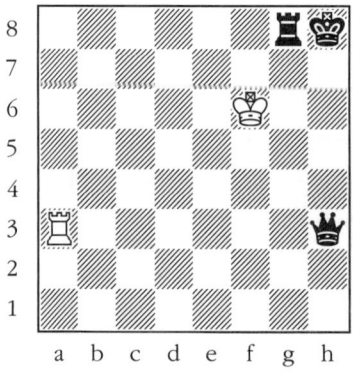

297

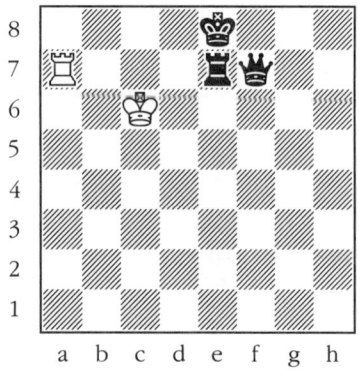

298

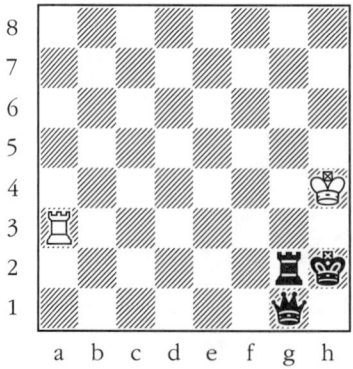

299

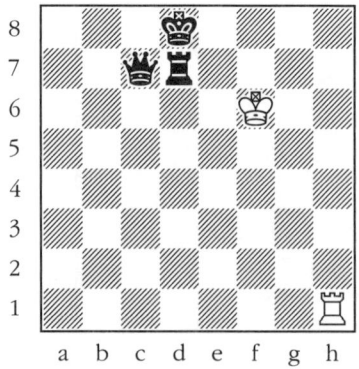

300

King + rook vs. king + rook + knight

King + rook vs. king + rook + pawn

White to move.

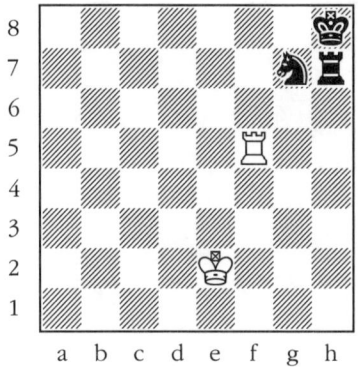

301

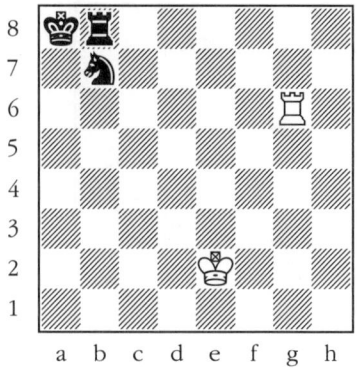

302

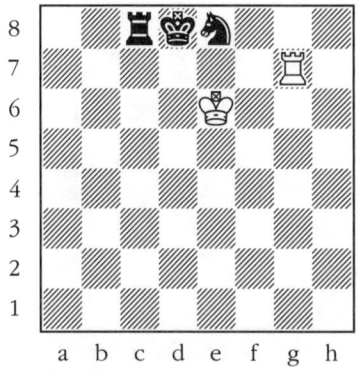

303

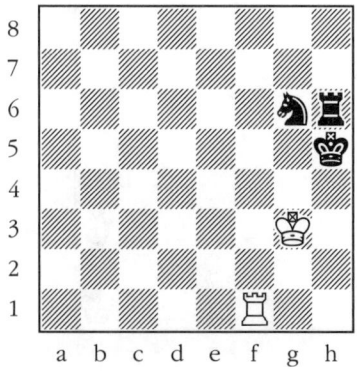

304

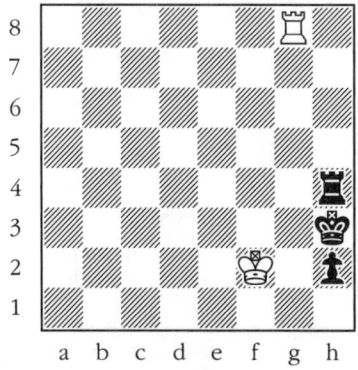

305

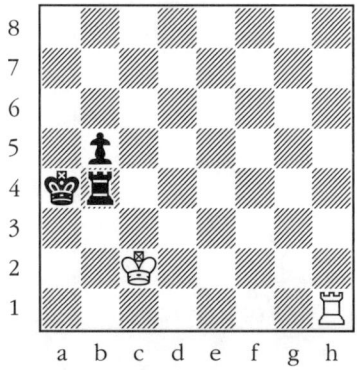

306

King + rook vs. king + bishop + queen

King + rook vs. king + bishop + knight

Black to move.

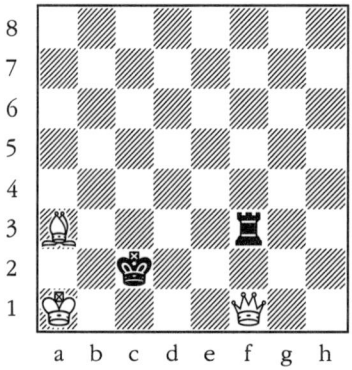

307

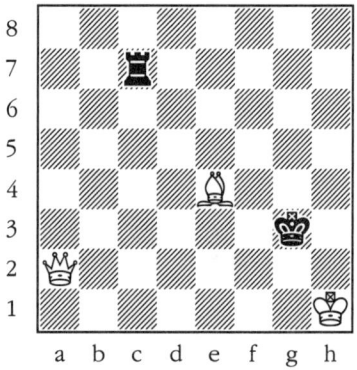

308

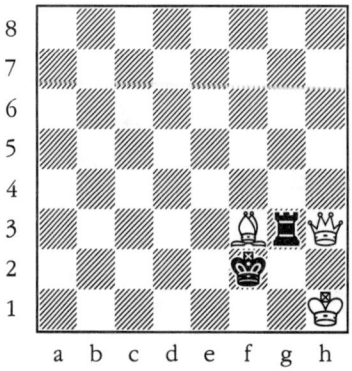

309

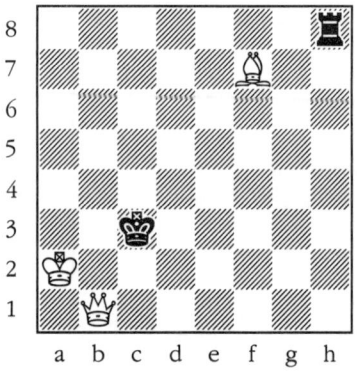

310

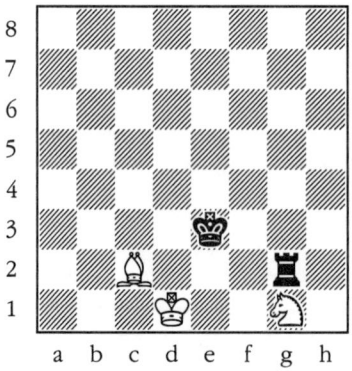

311

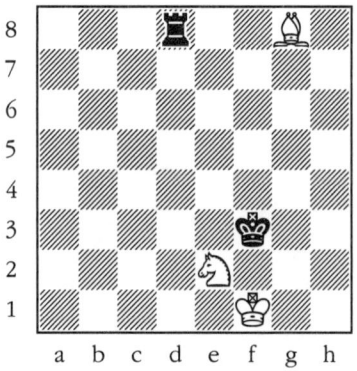

312

King + rook vs. king + bishop + pawn

King + rook vs. king + queen + knight

White to move.

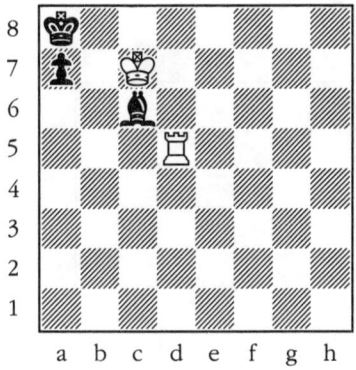

313

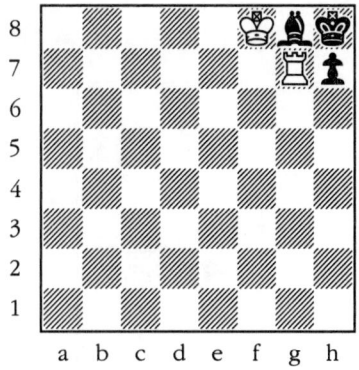

314

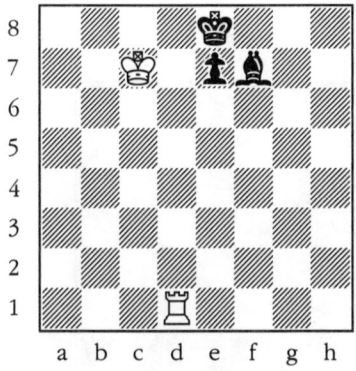

315

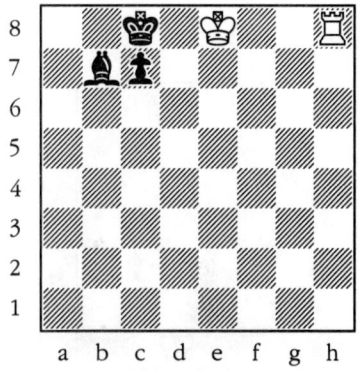

316

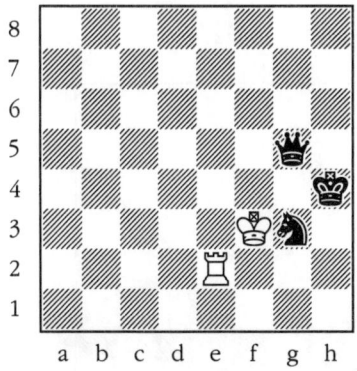

317

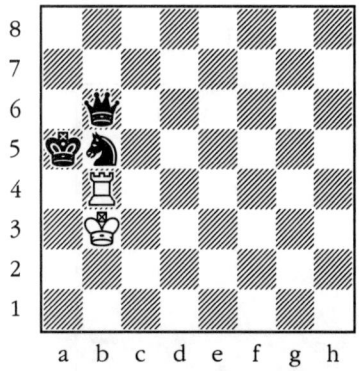

318

King + rook vs. king + queen + pawn

King + rook vs. king + knight + pawn

White to move.

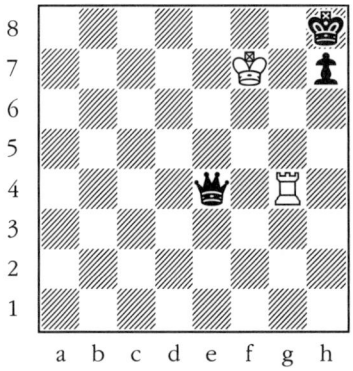

319

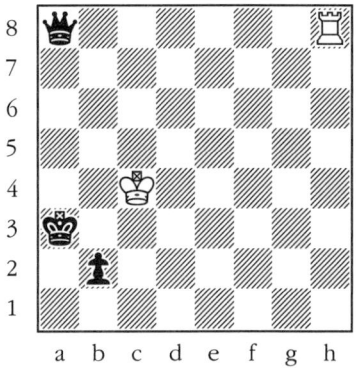

320

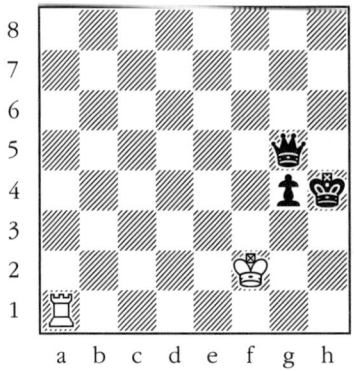

321

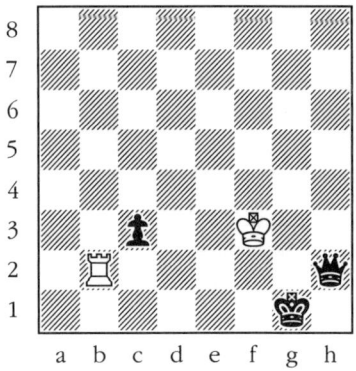

322

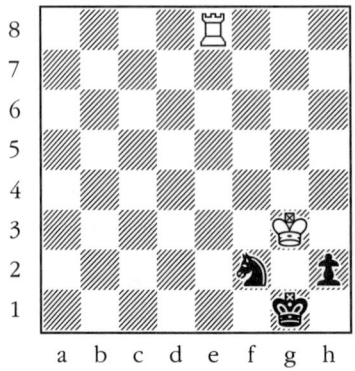

323

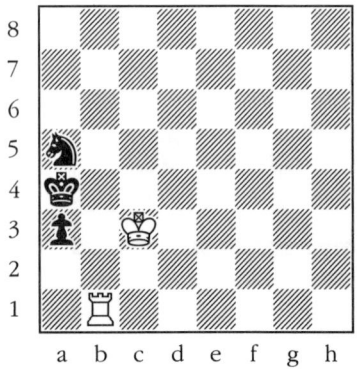

324

King + bishop vs. king + two bishops

King + bishop vs. king + two knights

King + bishop vs. king + two pawns

White to move.

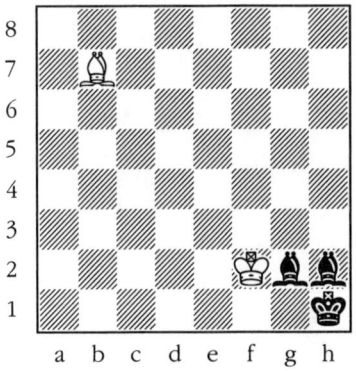

325

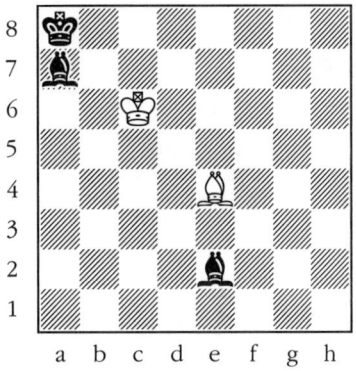

326

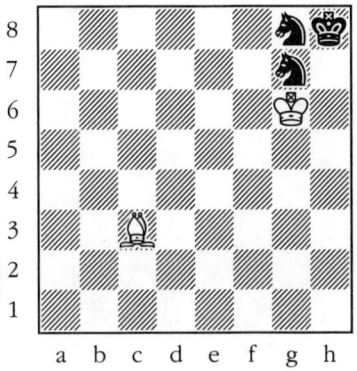

327

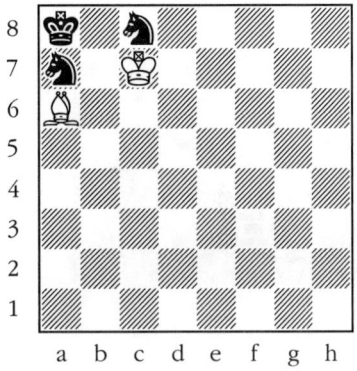

328

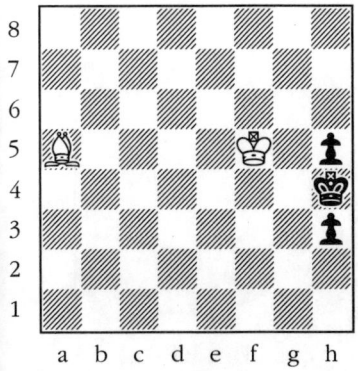

329

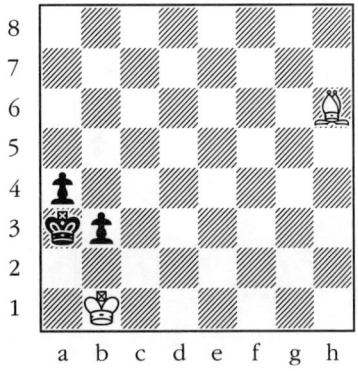

330

King + bishop vs. king + rook + bishop
King + bishop vs. king + rook + knight
King + bishop vs. king + rook + pawn

White to move.

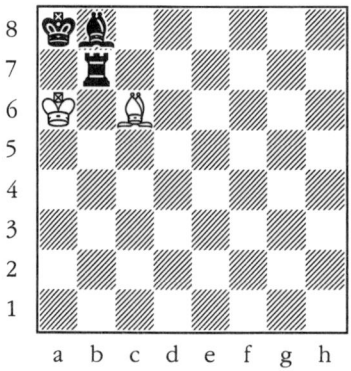

331

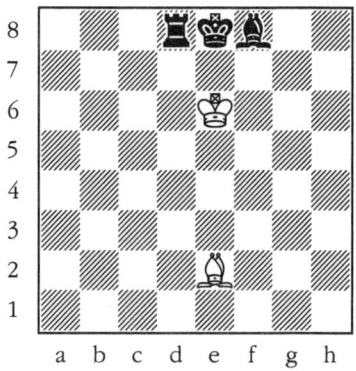

332

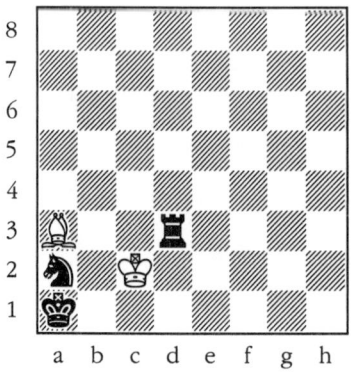

333

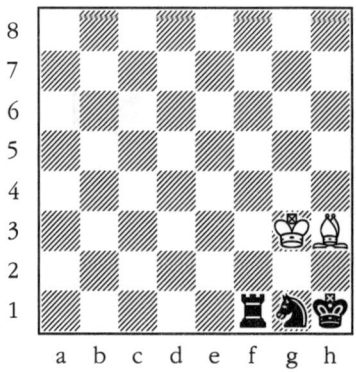

334

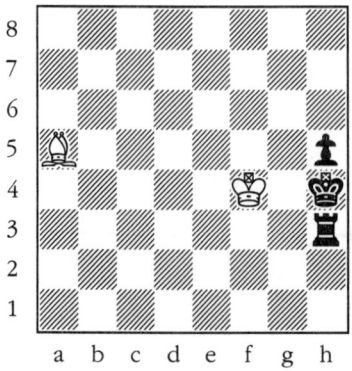

335

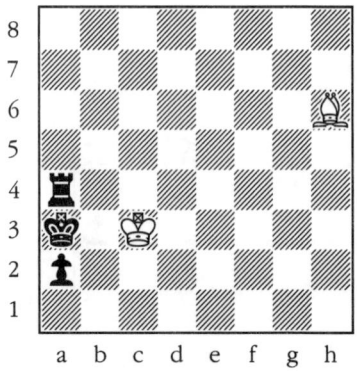

336

King + bishop vs. king + bishop + queen

King + bishop vs. king + bishop + knight

King + bishop vs. king + bishop + pawn

Black to move.

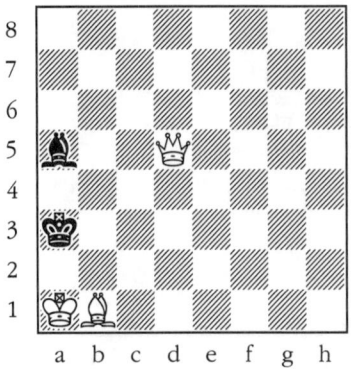

337

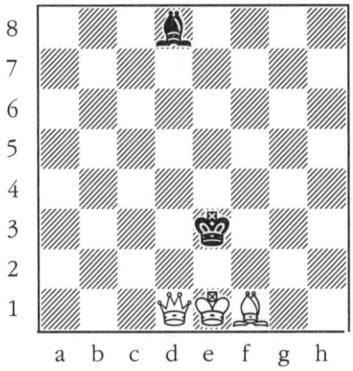

338

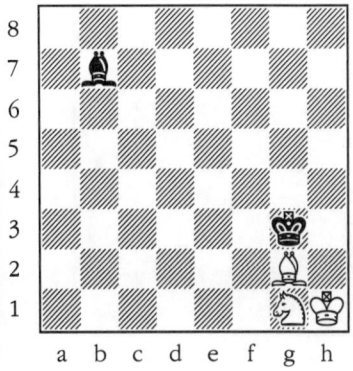

339

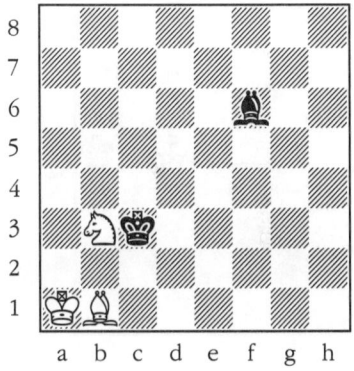

340

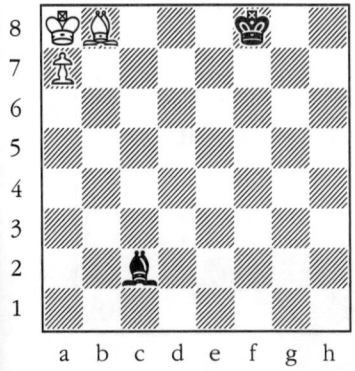

341

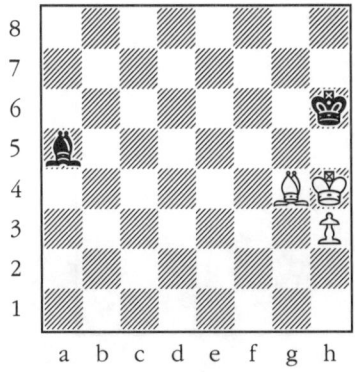

342

King + bishop vs. king + queen + knight
King + bishop vs. king + queen + pawn
King + bishop vs. king + knight + pawn

White to move.

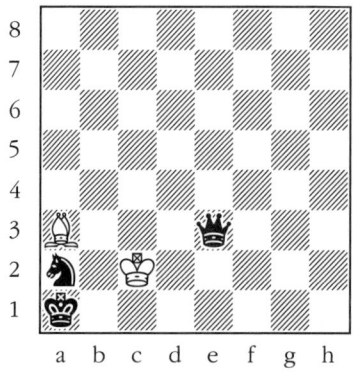

343

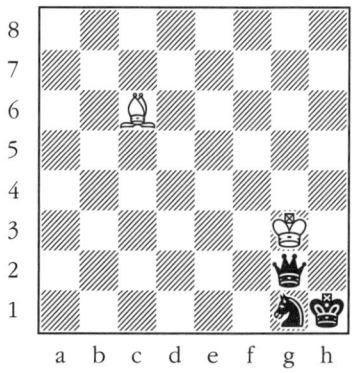

344

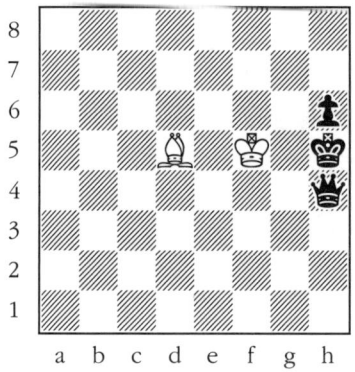

345

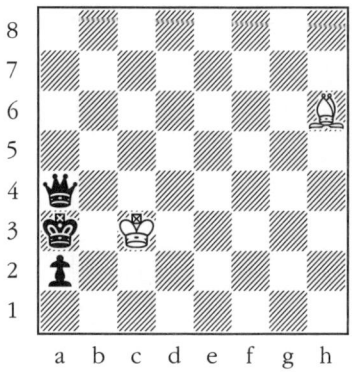

346

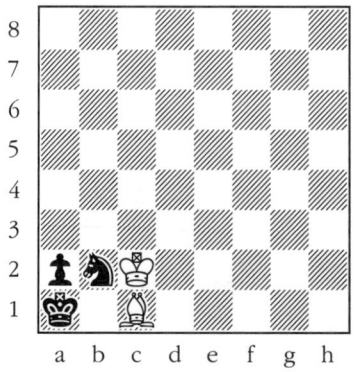

347

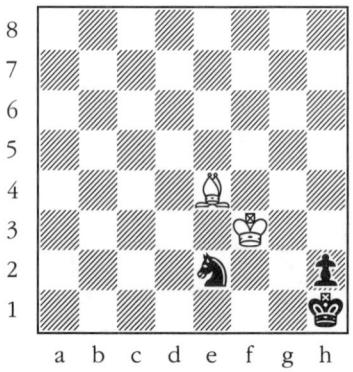

348

King + queen vs. king + two rooks

King + queen vs. king + two bishops

King + queen vs. king + two knights

White to move.

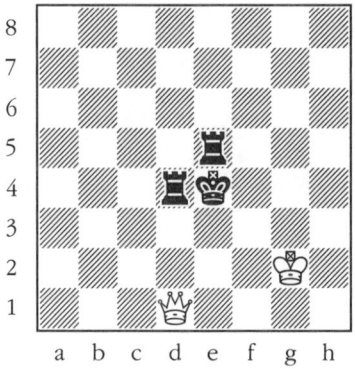

349

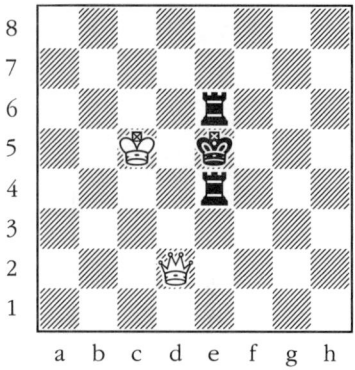

350

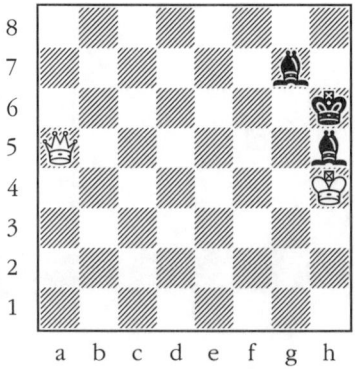

351

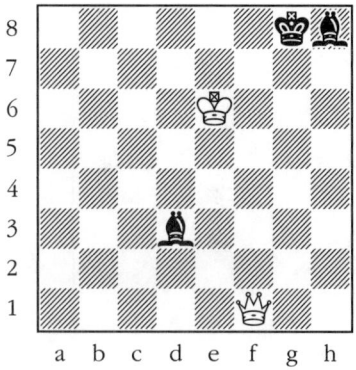

352

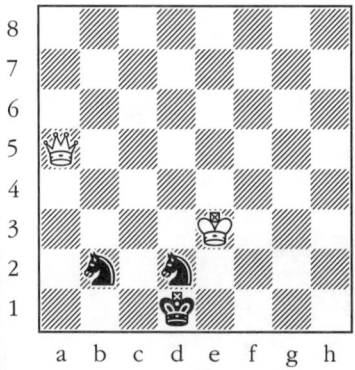

353

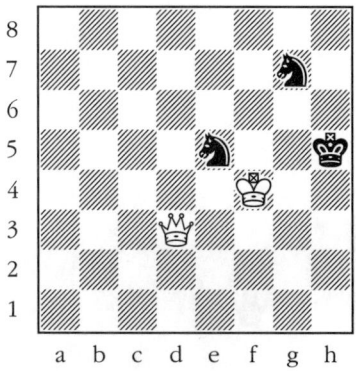

354

King + queen vs. king + two pawns

King + queen vs. king + rook + bishop

King + queen vs. king + rook + queen

Black to move.

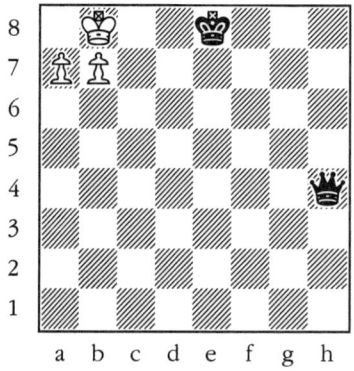

355

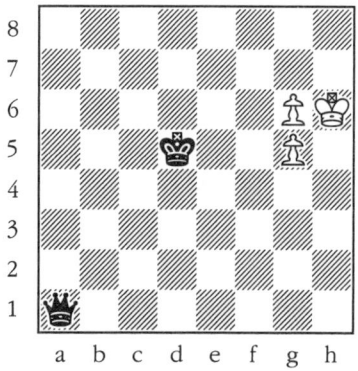

356

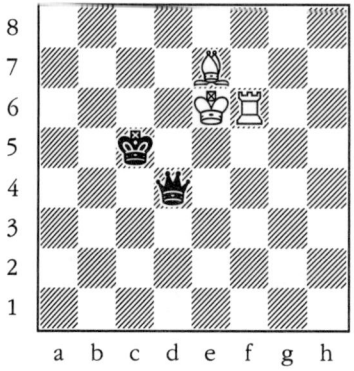

357

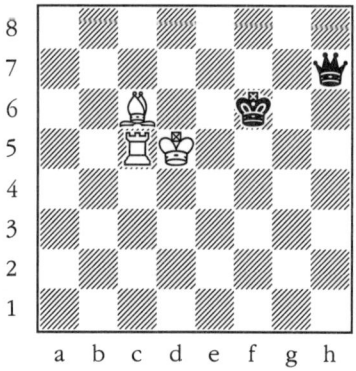

358

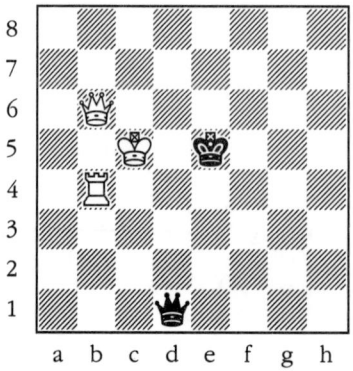

359

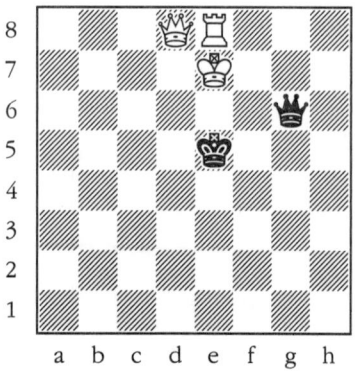

360

King + queen vs. king + rook + knight

King + queen vs.king + rook + pawn

King + queen vs. king + bishop + queen

White to move.

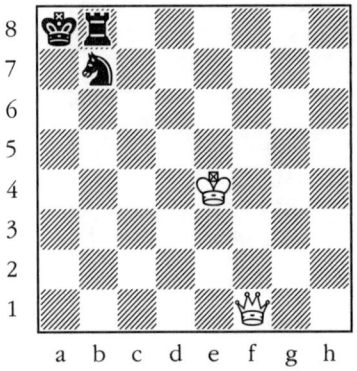

361

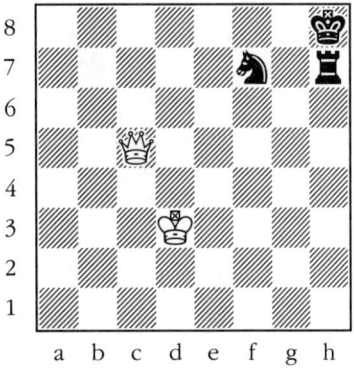

362

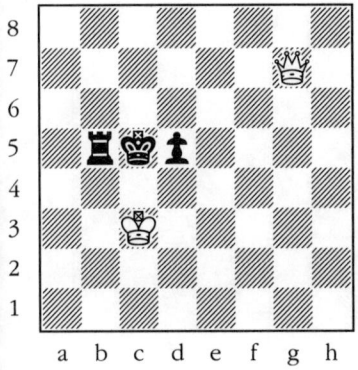

363

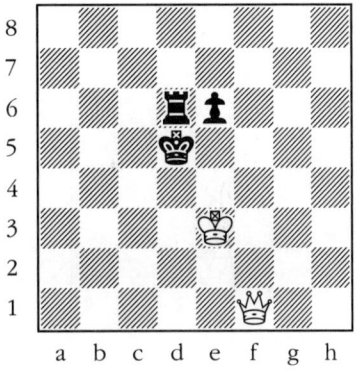

364

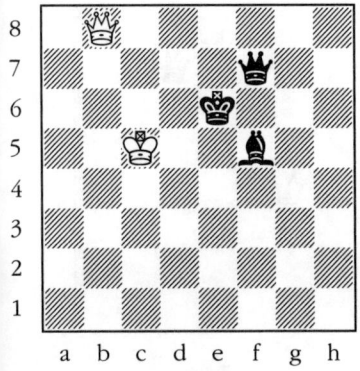

365

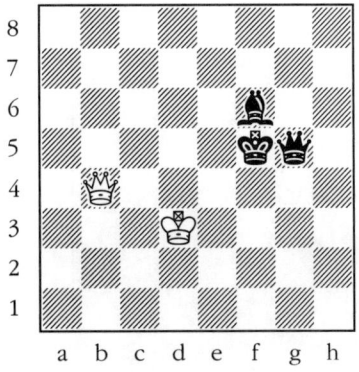

366

King + queen vs. king + bishop + knight

King + queen vs. king + bishop + pawn

King + queen vs. king + queen + knight

White to move.

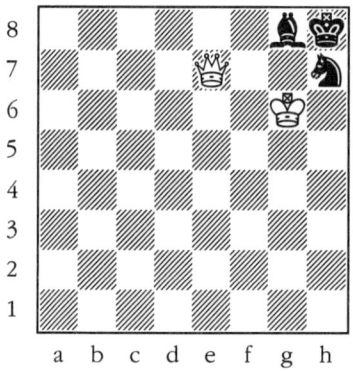

367

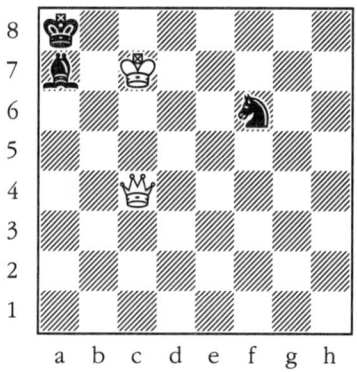

368

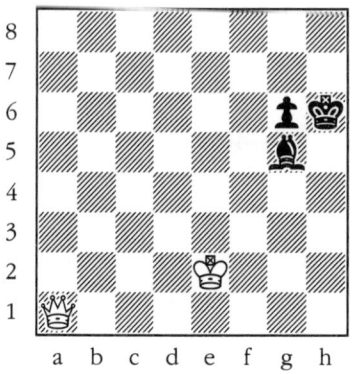

369

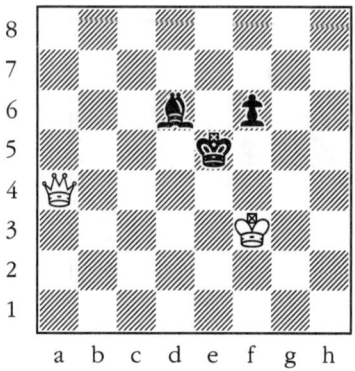

370

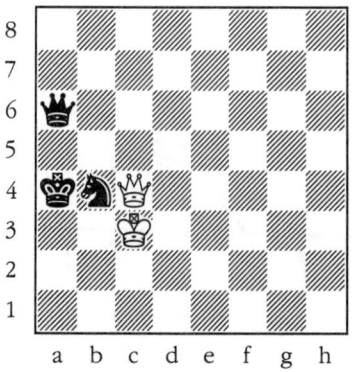

371

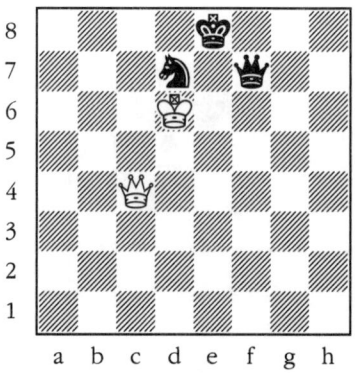

372

King + queen vs. king + queen + pawn

King + queen vs. king + knight + pawn

White to move.

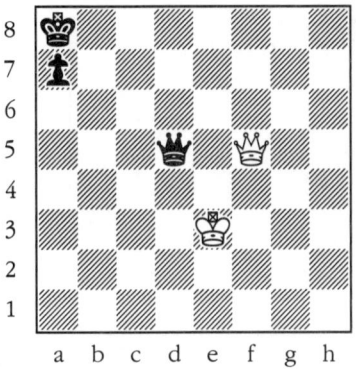

373

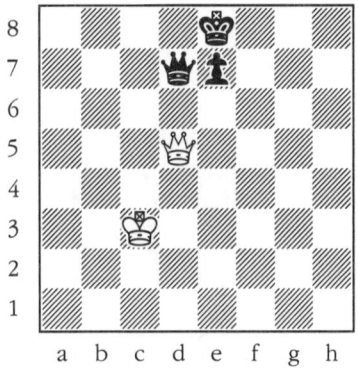

374

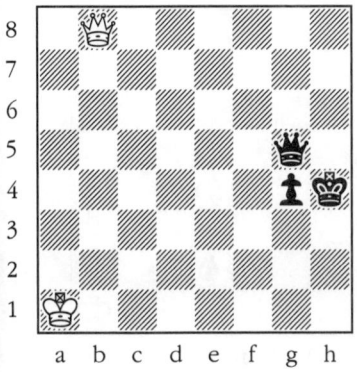

375

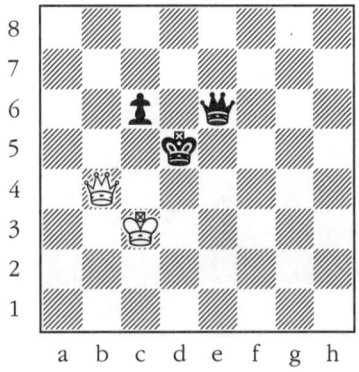

376

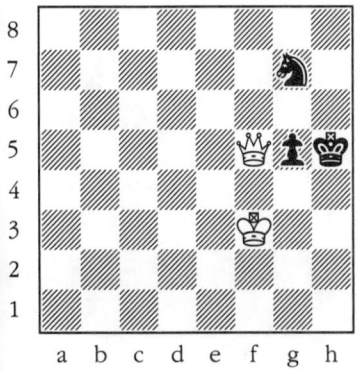

377

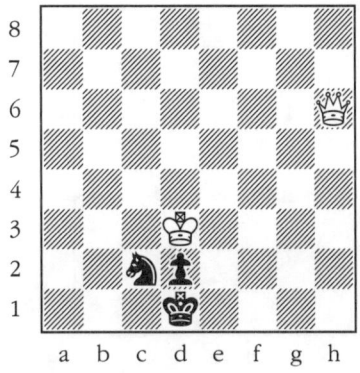

378

King + knight vs. king + two rooks
King + knight vs. king + two bishops
King + knight vs. king + two knights

White to move.

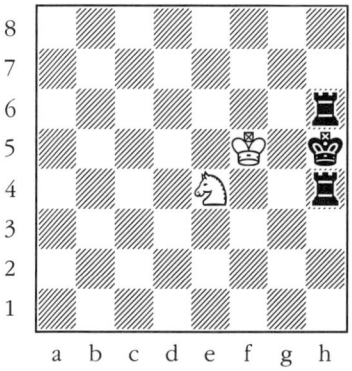

379

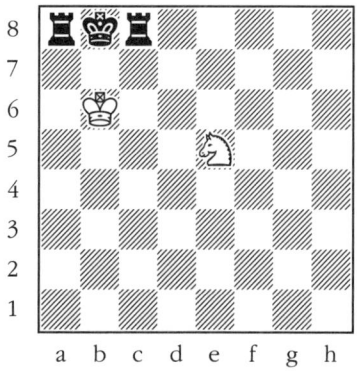

380

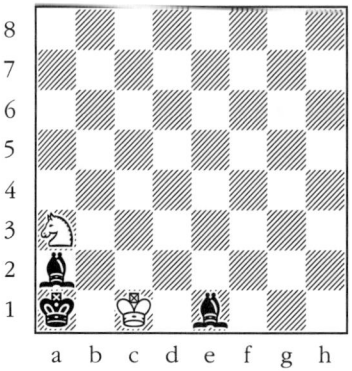

381

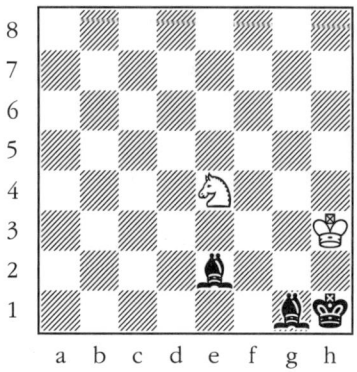

382

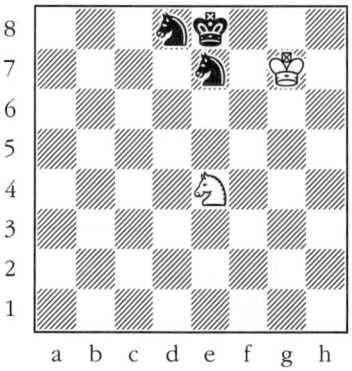

383

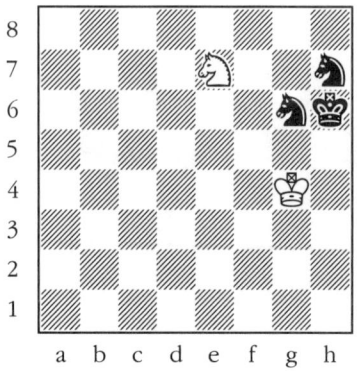

384

King + knight vs. king + two pawns

King + knight vs. king + rook + bishop

King + knight vs. king + rook + queen

Black to move.

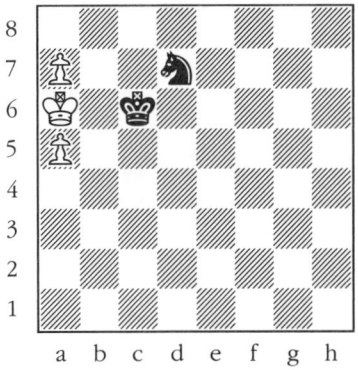

385

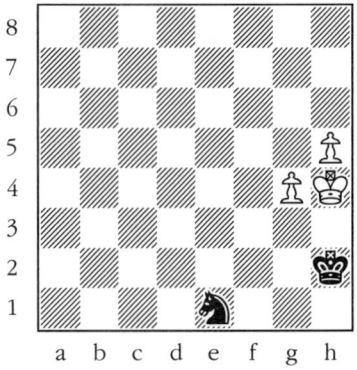

386

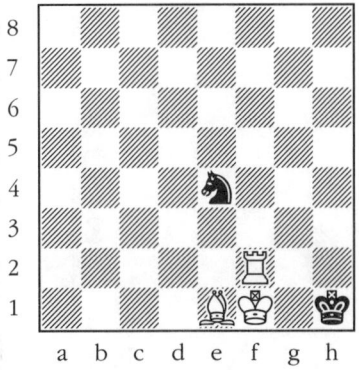

387

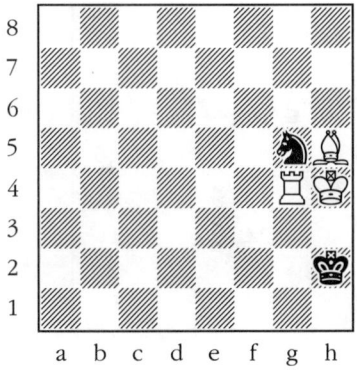

388

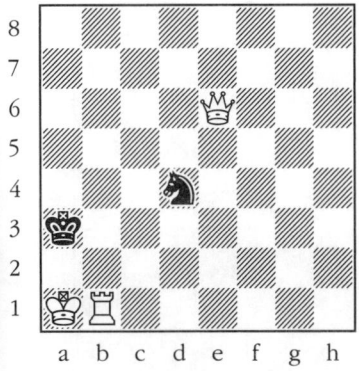

389

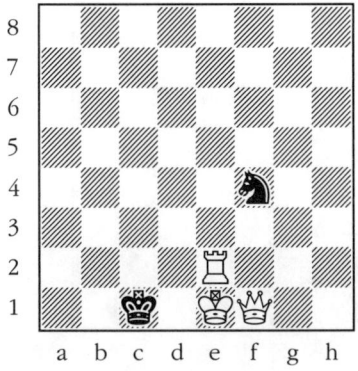

390

King + knight vs. king + rook + knight

King + knight vs. king + rook + pawn

King + knight vs. king + bishop + queen

White to move.

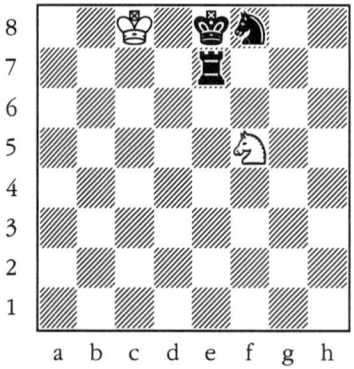

391

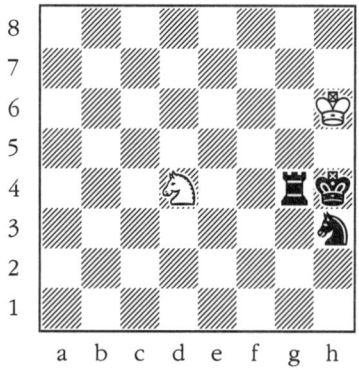

392

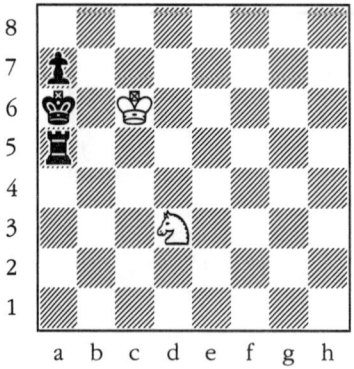

393

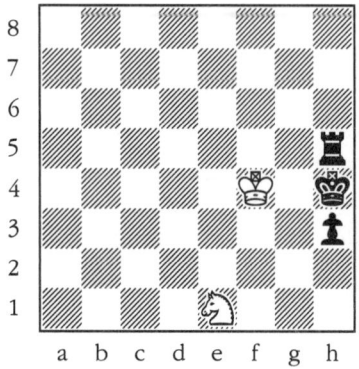

394

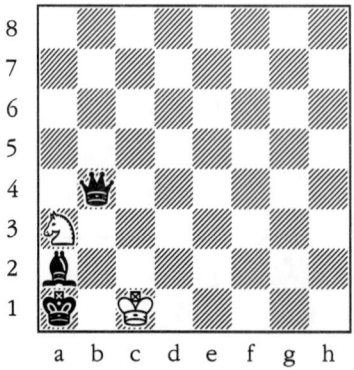

395

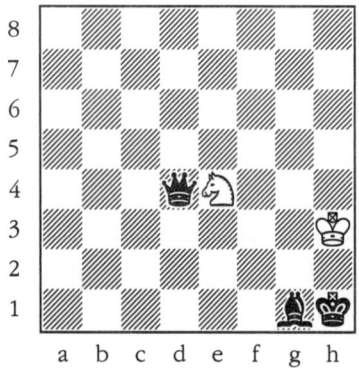

396

King + knight vs. king + bishop + knight

King + knight vs. king + bishop + pawn

King + knight vs. king + queen + knight

White to move.

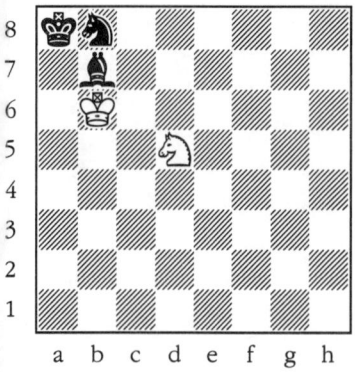

397

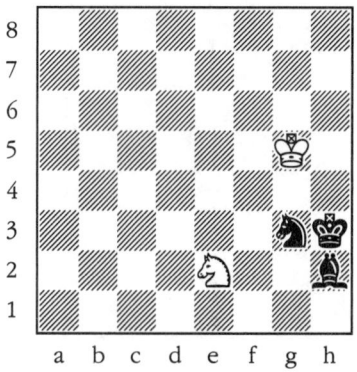

398

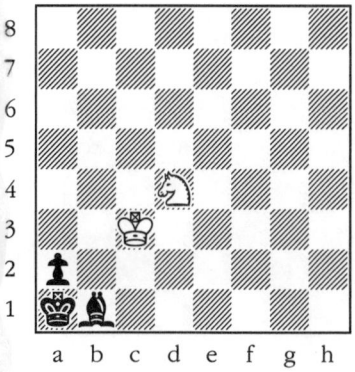

399

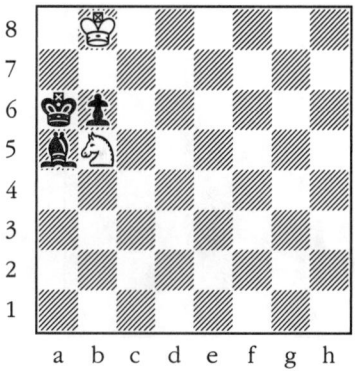

400

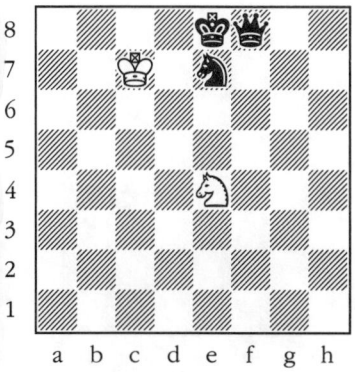

401

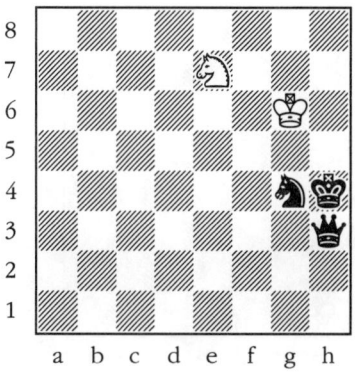

402

King + knight vs. king + queen + pawn

King + knight vs. king + knight + pawn

White to move.

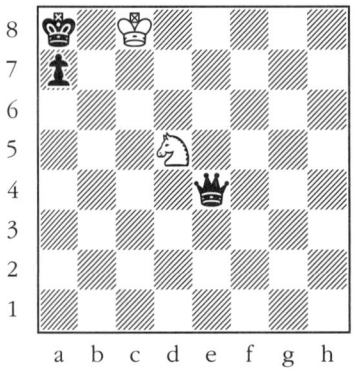

403

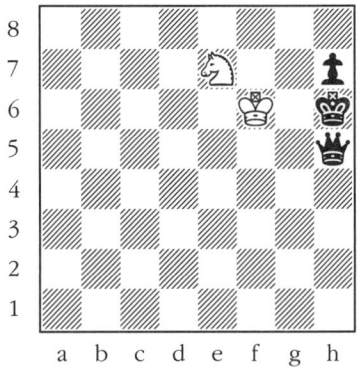

404

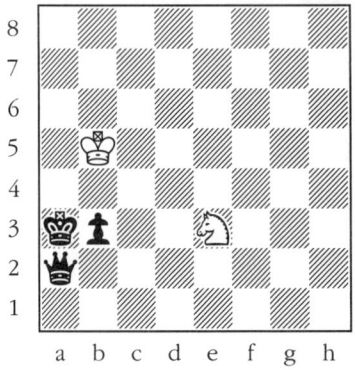

405

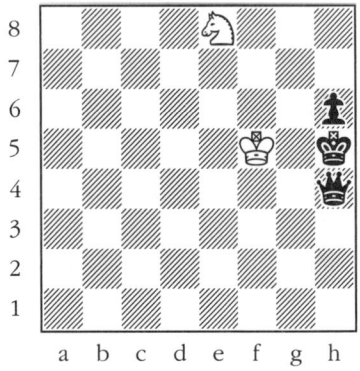

406

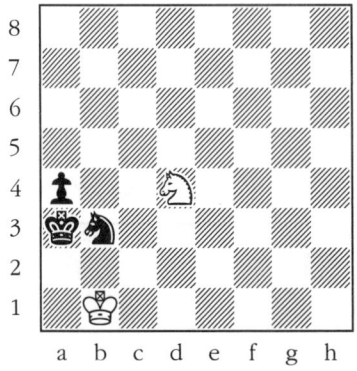

407

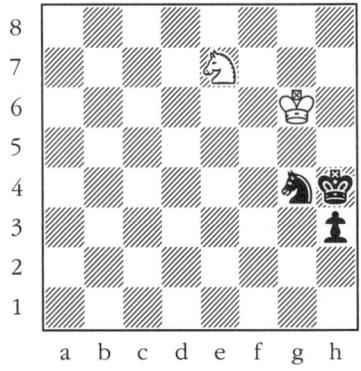

408

King + pawn vs. king + two rooks

King + pawn vs. king + two bishops

King + pawn vs. king + two knights

White to move.

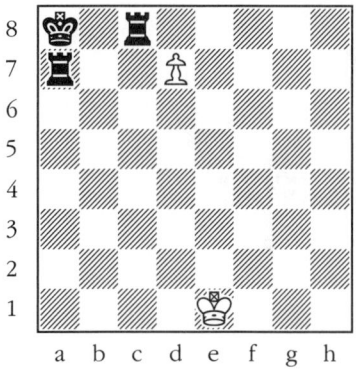

409

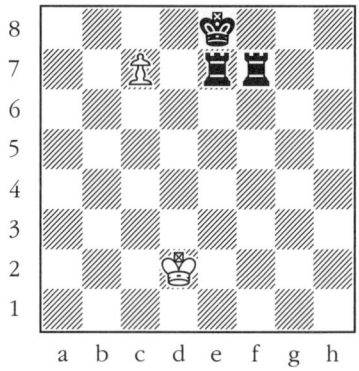

410

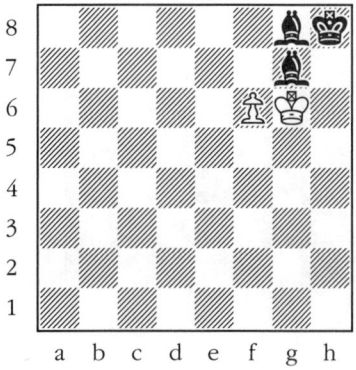

411

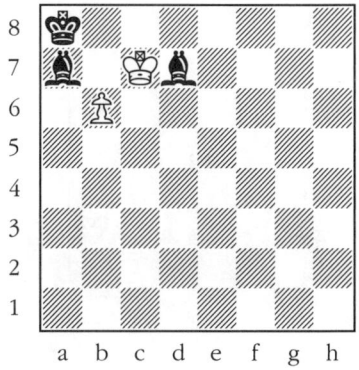

412

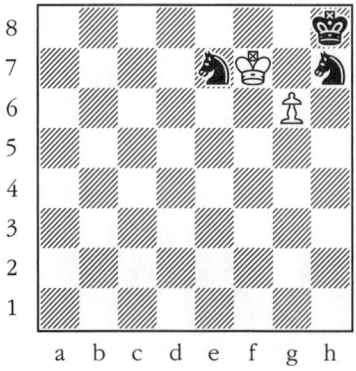

413

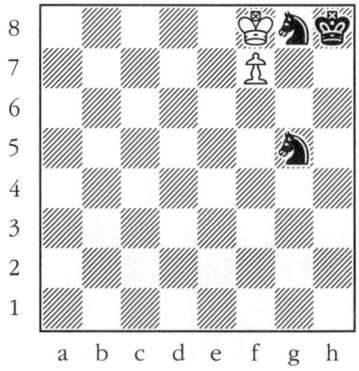

414

King + pawn vs. king + two pawns

King + pawn vs. king + rook + bishop

King + pawn vs. king + rook + queen

Black to move.

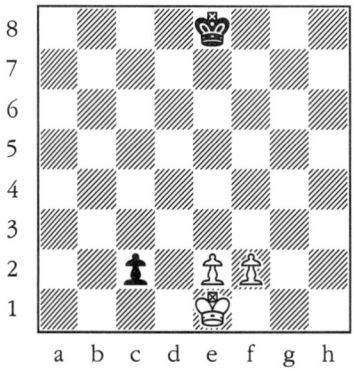

415

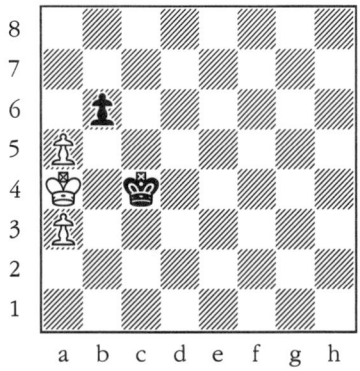

416

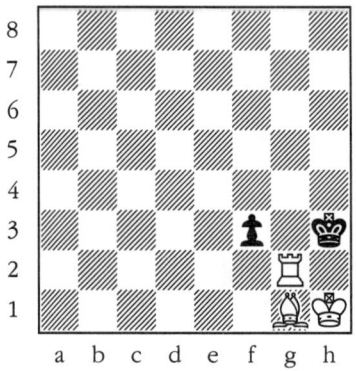

417

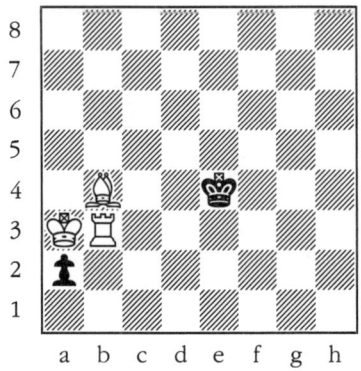

418

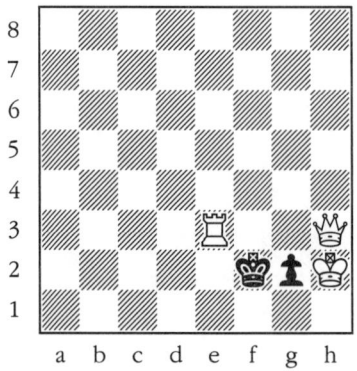

419

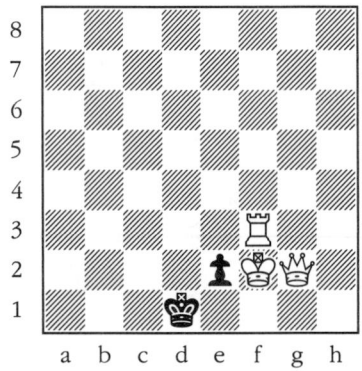

420

King + pawn vs. king + rook + knight

King + pawn vs. king + rook + pawn

King + pawn vs. king + bishop + queen

White to move.

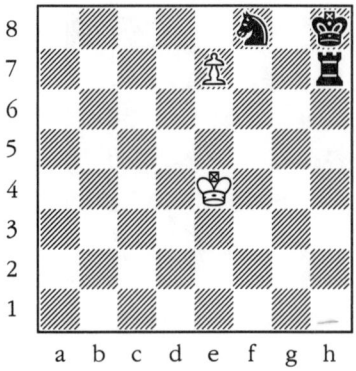

421

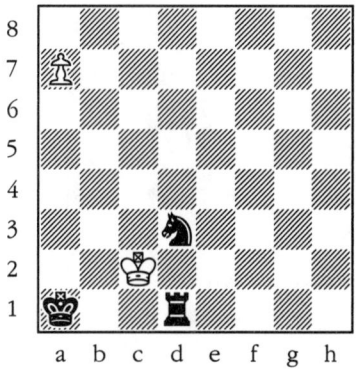

422

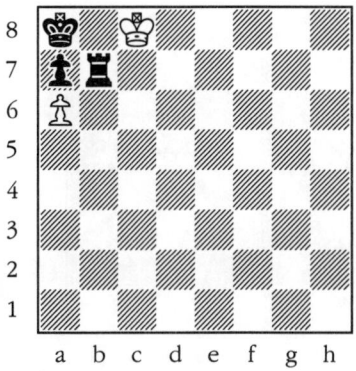

423

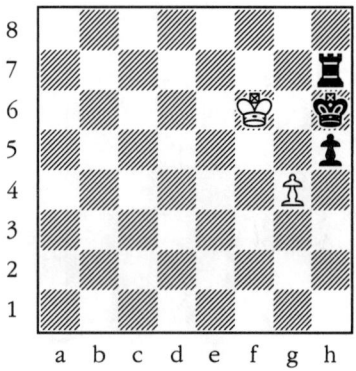

424

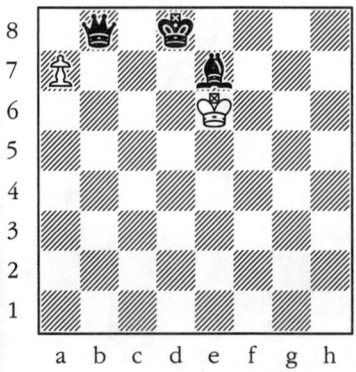

425

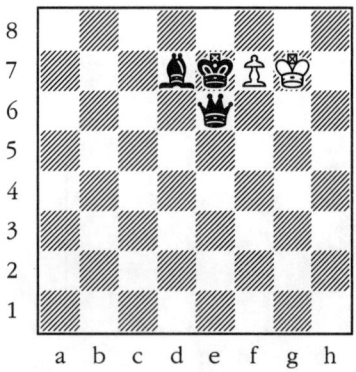

426

King + pawn vs. king + bishop + knight

King + pawn vs. king + bishop + pawn

King + pawn vs. king + queen + knight

White to move.

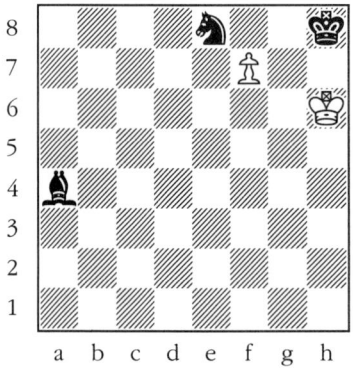

427

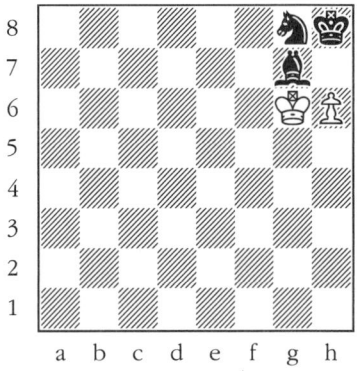

428

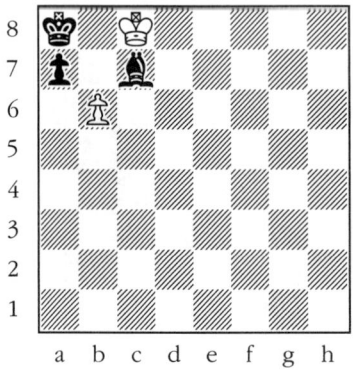

429

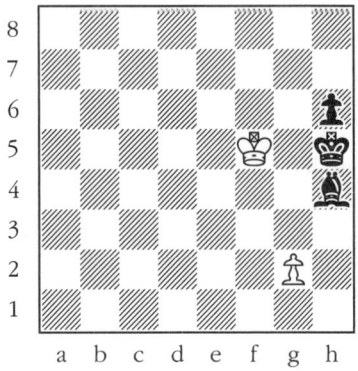

430

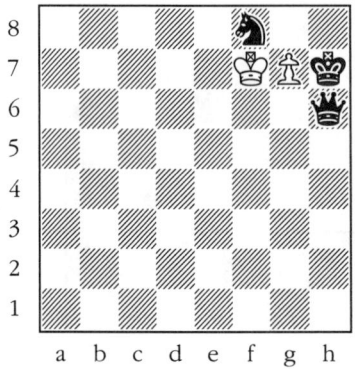

431

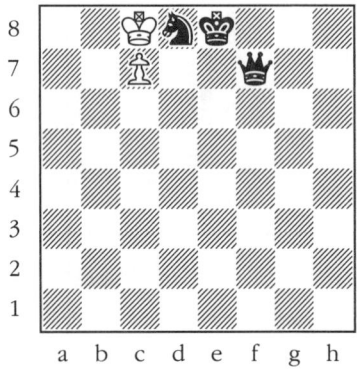

432

King + pawn vs. king + queen + pawn

King + pawn vs. king + knight + pawn

White to move.

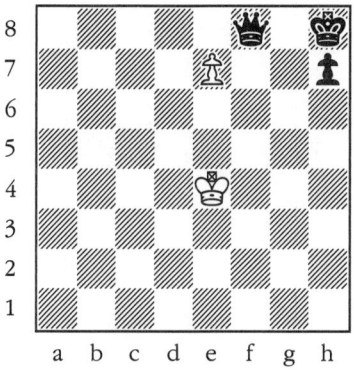

433

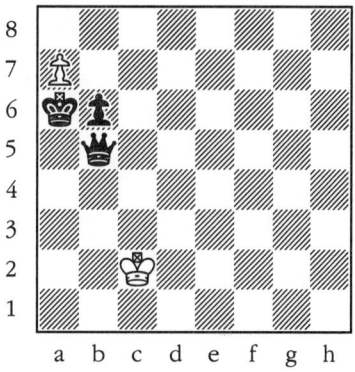

434

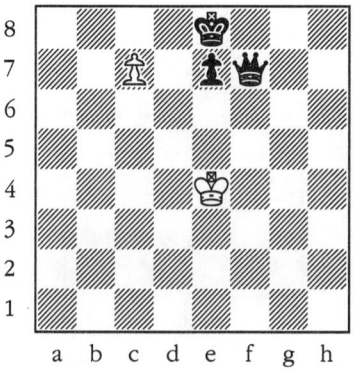

435

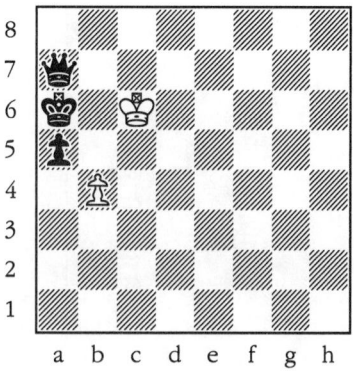

436

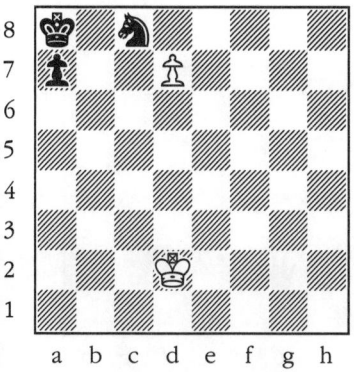

437

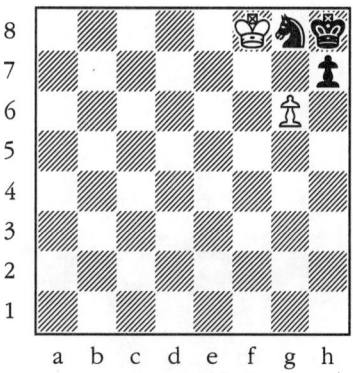

438

King + two rooks vs. king + rook

King + two rooks vs. king + bishop

King + two rooks vs. king + queen

White to move.

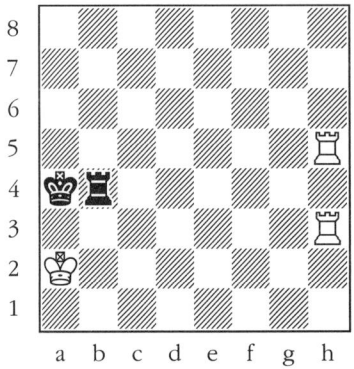

439

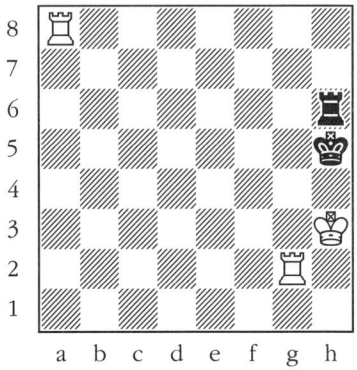

440

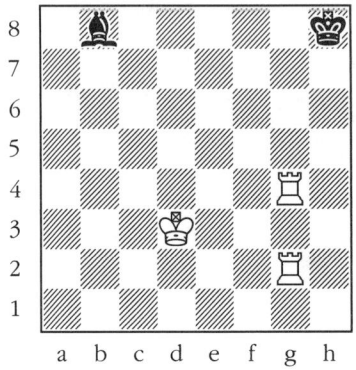

441

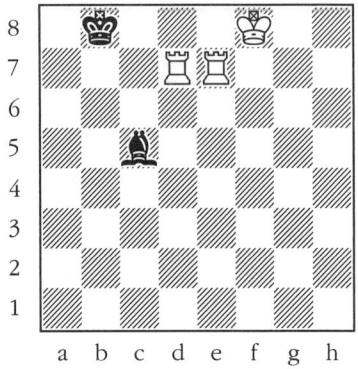

442

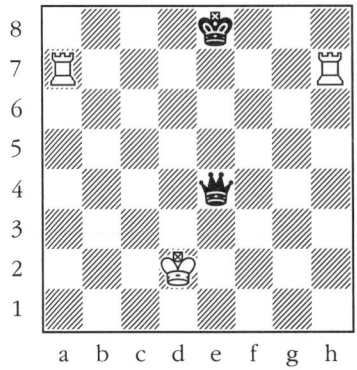

443

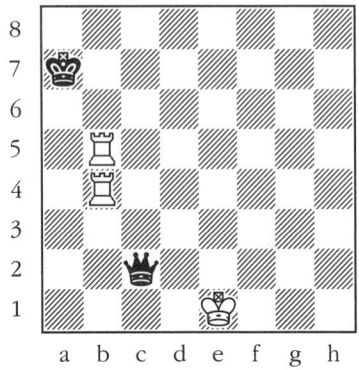

444

King + two rooks vs. king + knight

King + two rooks vs. king + pawn

King + two bishops vs. king + rook

Black to move.

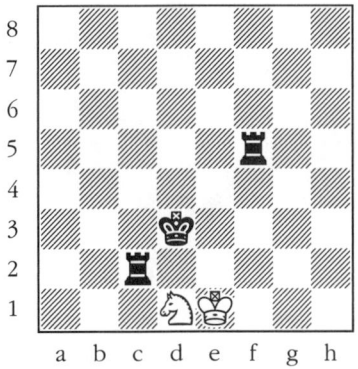

445

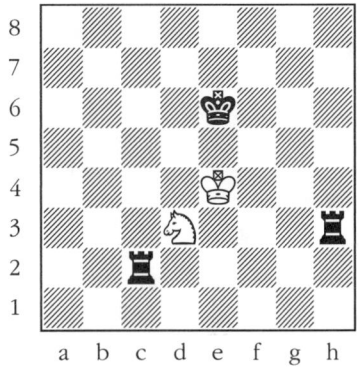

446

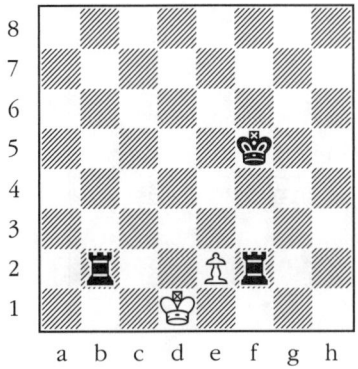

447

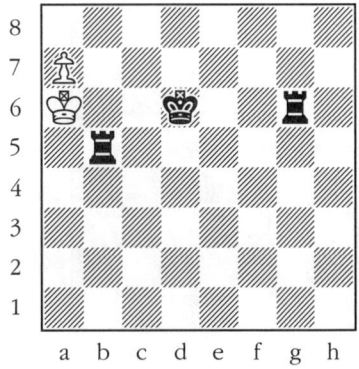

448

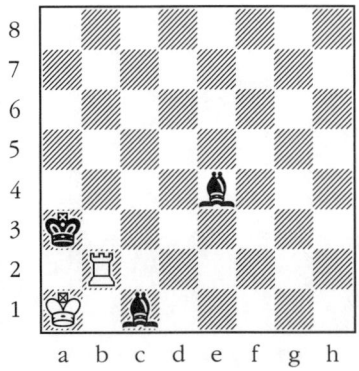

449

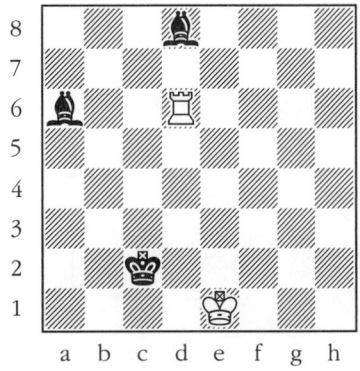

450

King + two bishops vs. king + bishop

King + two bishops vs. king + queen

King + two bishops vs. king + knight

White to move.

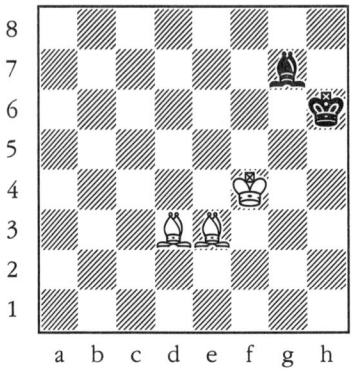

451

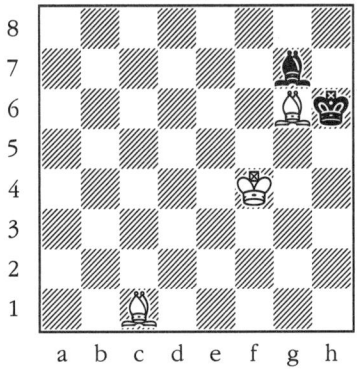

452

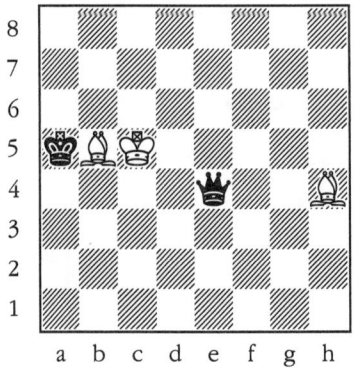

453

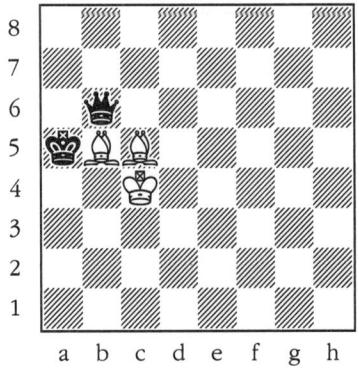

454

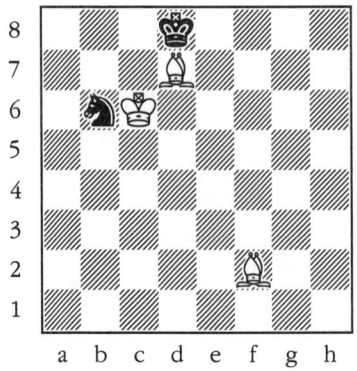

455

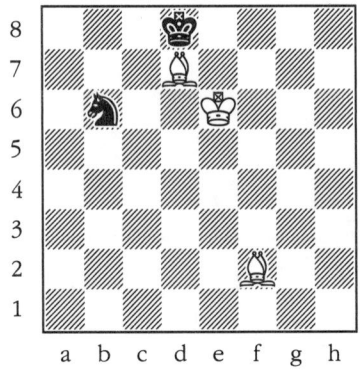

456

King + two bishops vs. king + pawn

King + two knights vs king + rook

King + two knights vs. king + bishop

White to move.

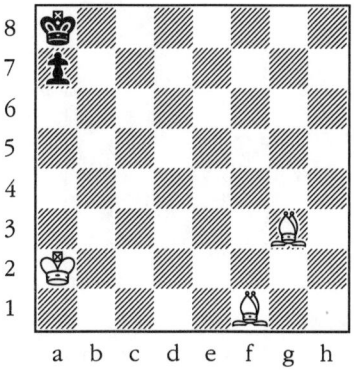

457

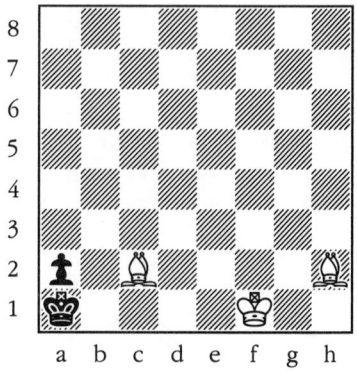

458

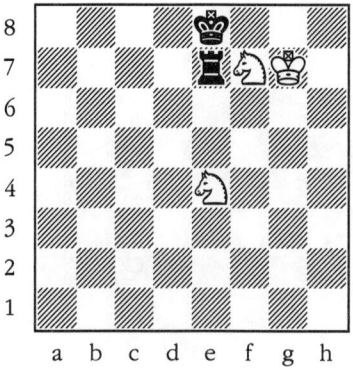

459

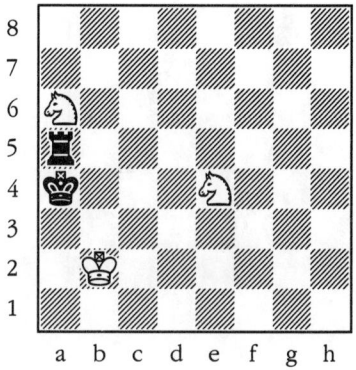

460

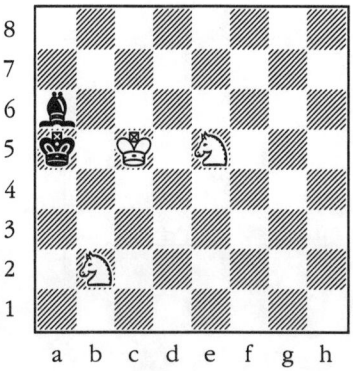

461

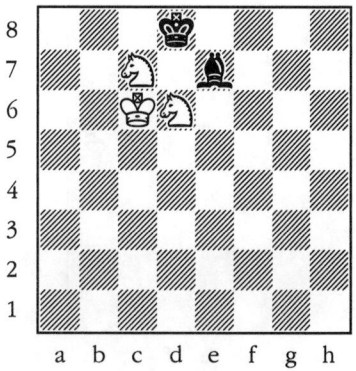

462

King + two knights vs. king + queen

King + two knights vs. king + knight

King + two knights vs. king + pawn

White to move.

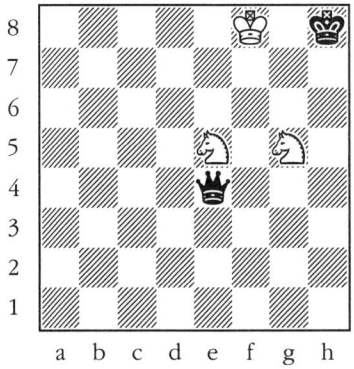

463

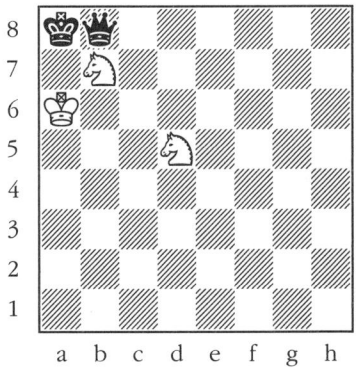

464

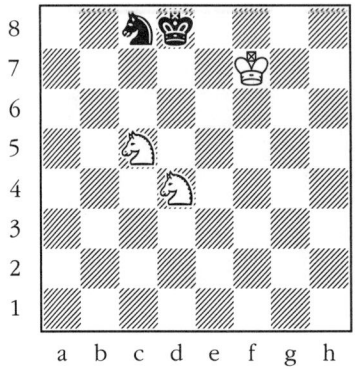

465

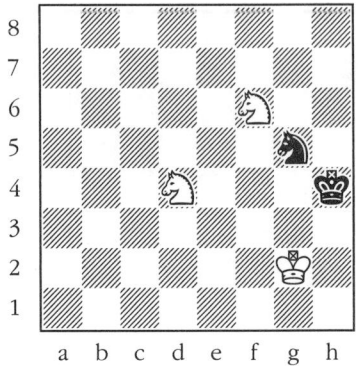

466

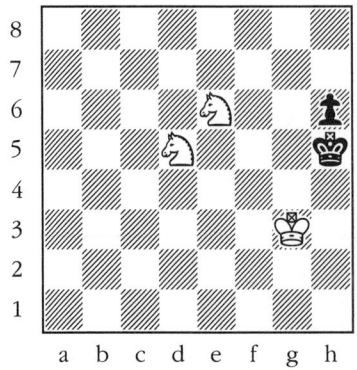

467

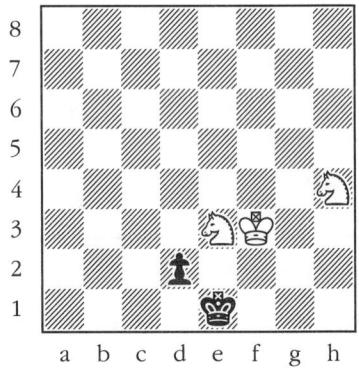

468

King + two pawns vs. king + rook
King + two pawns vs. king + bishop
King + two pawns vs. king + queen

White to move.

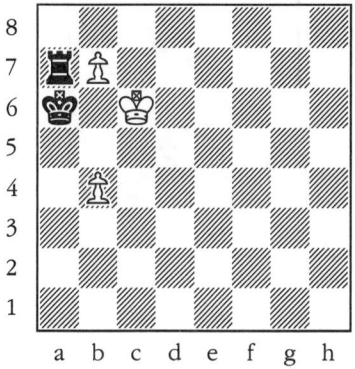

469

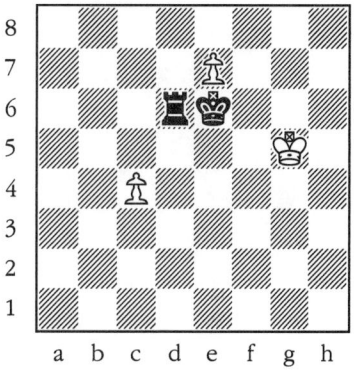

470

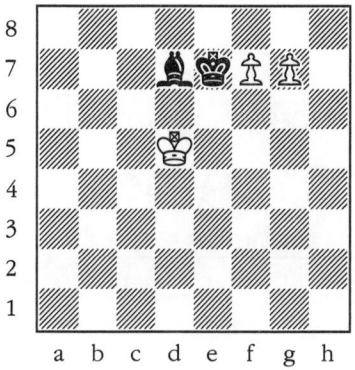

471

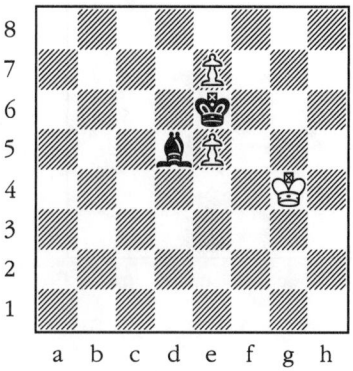

472

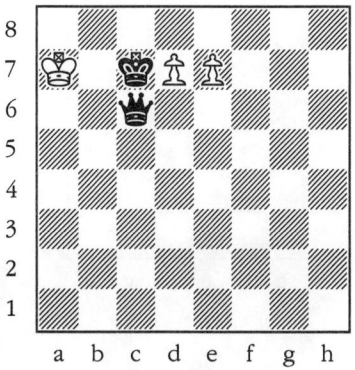

473

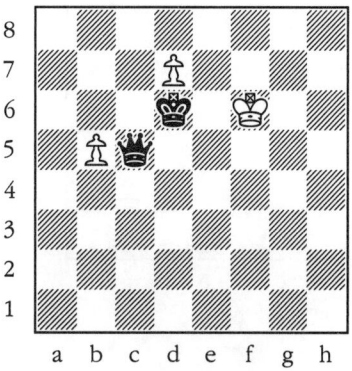

474

King + two pawns vs. king + knight

King + two pawns vs. king + pawn

Black to move.

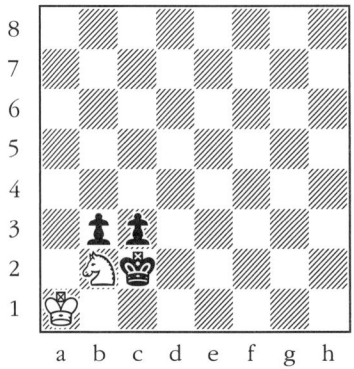

475

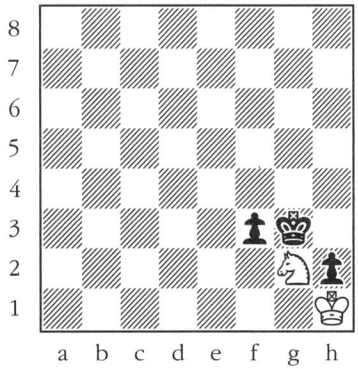

476

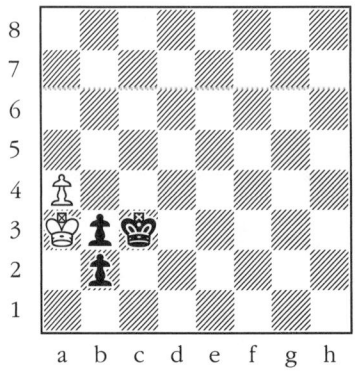

477

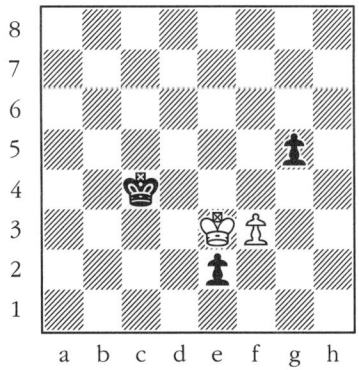

478

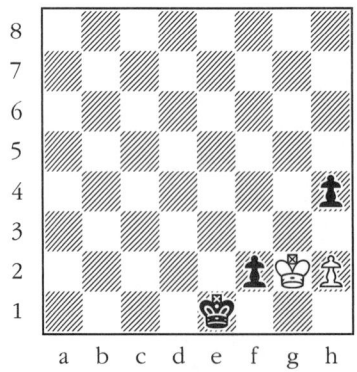

479

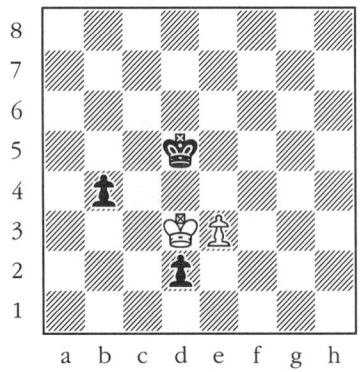

480

King + two rooks + bishop vs. king

King + two rooks + queen vs. king

King + two rooks + knight vs. king

White to move.

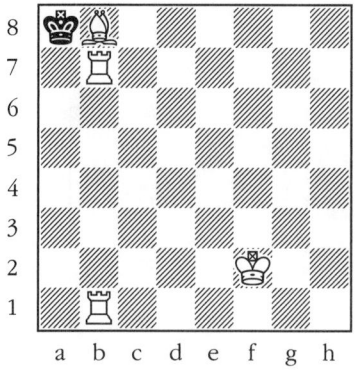

481

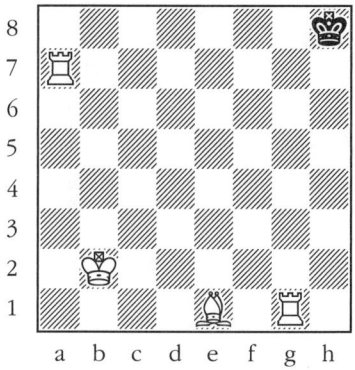

482

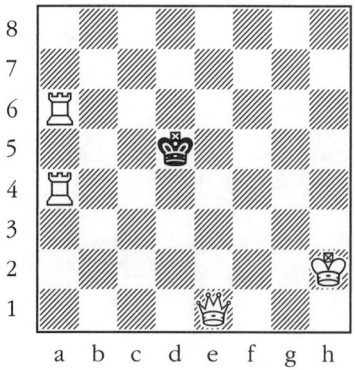

483

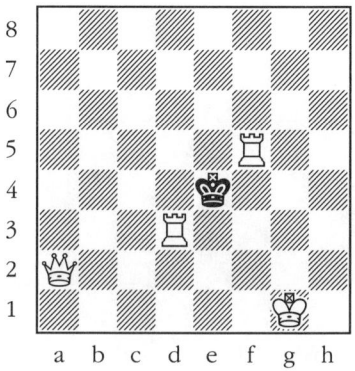

484

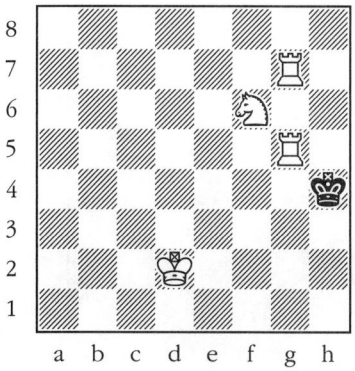

485

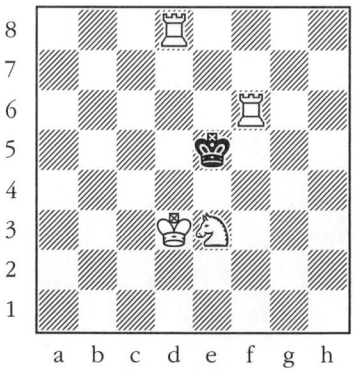

486

King + two rooks + pawn vs. king

King + two bishops + rook vs. king

King + two bishops + queen vs. king

White to move.

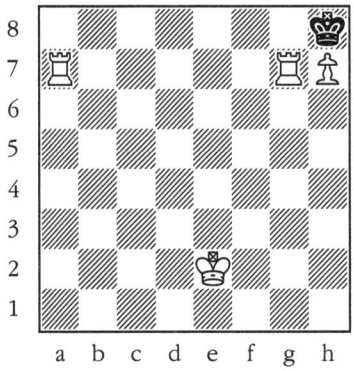

487

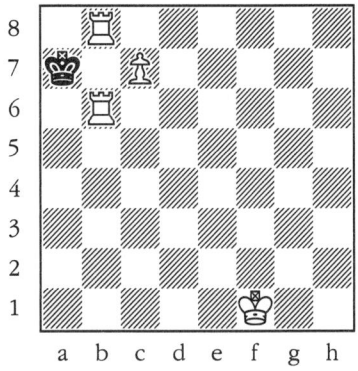

488

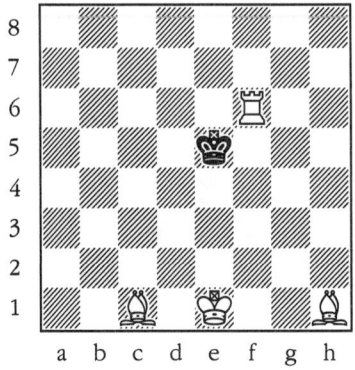

489

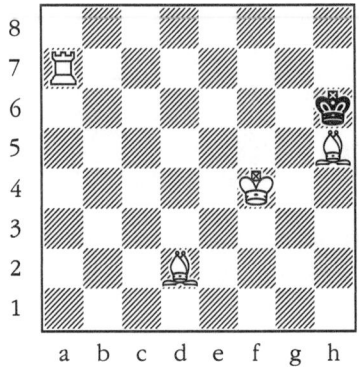

490

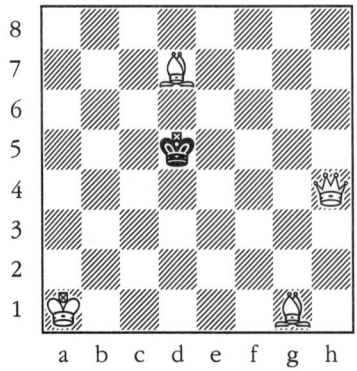

491

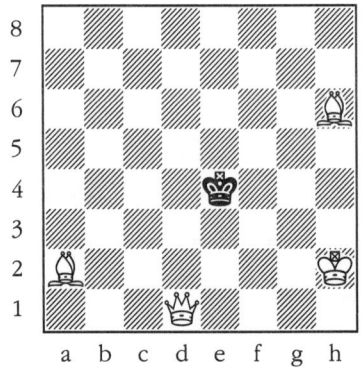

492

King + two bishops + knight vs. king

King + two bishops + pawn vs. king

King + two knights + rook vs. king

White to move.

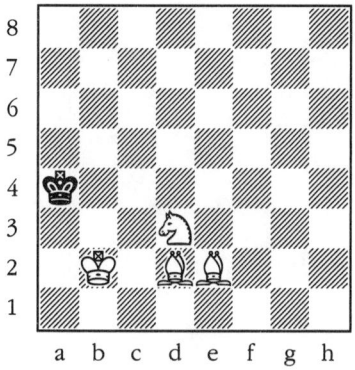

493

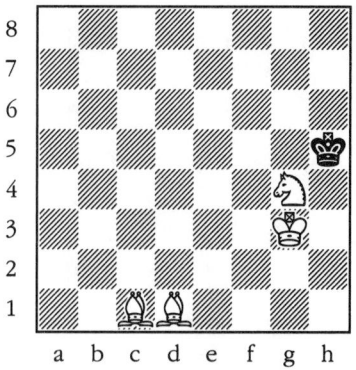

494

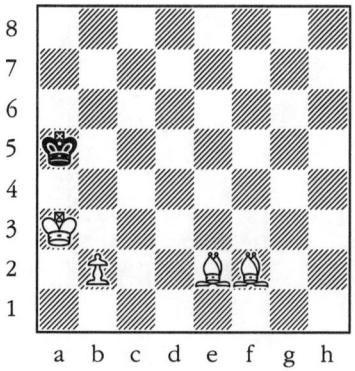

495

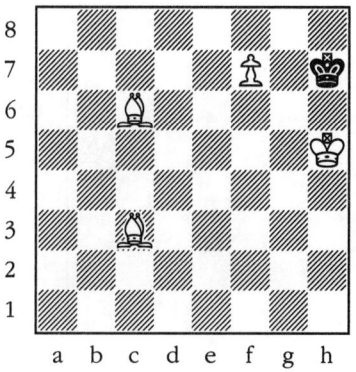

496

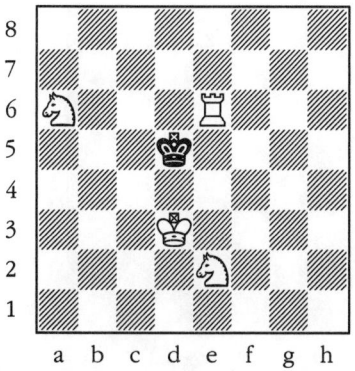

497

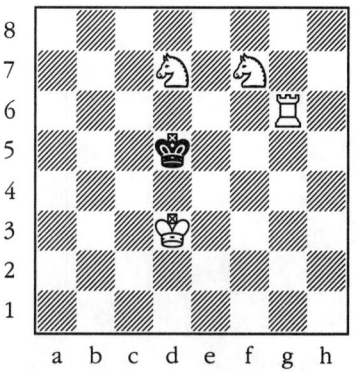

498

King + two knights + bishop vs. king

King + two knights + queen vs. king

King + two knights + pawn vs. king

White to move.

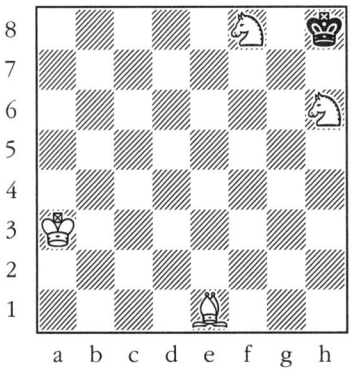

499

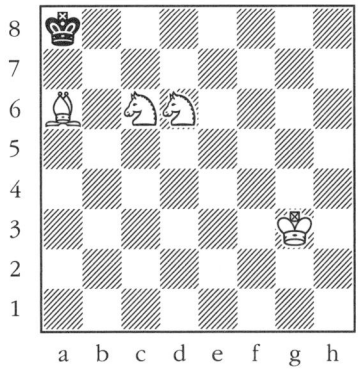

500

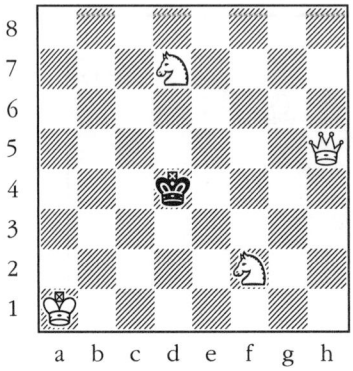

501

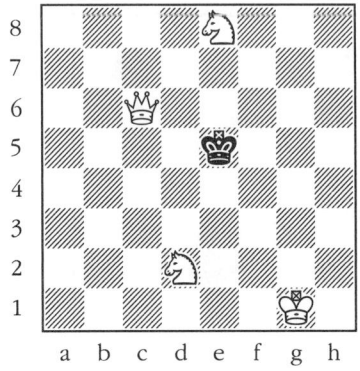

502

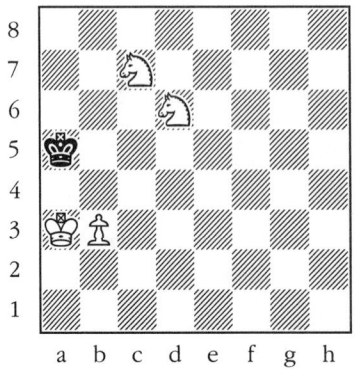

503

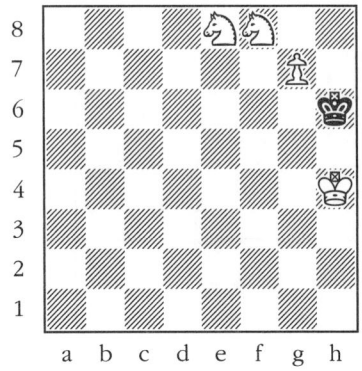

504

King + three pawns vs. king

King + two pawns + rook vs. king

Black to move.

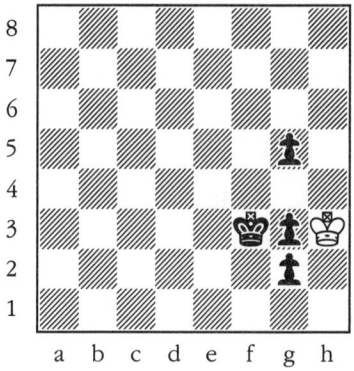

505

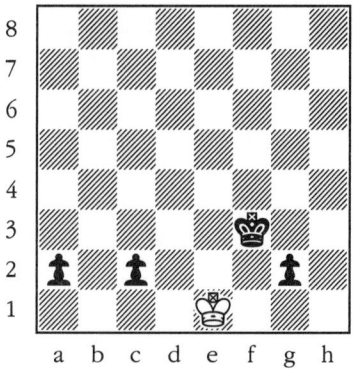

506

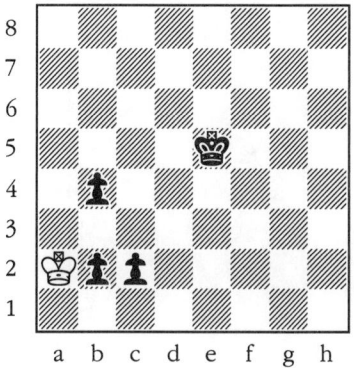

507

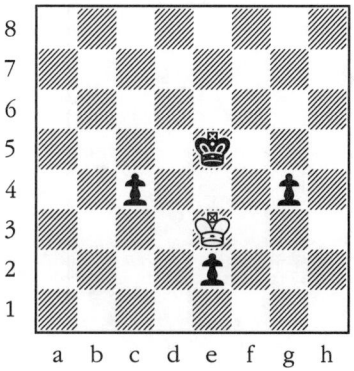

508

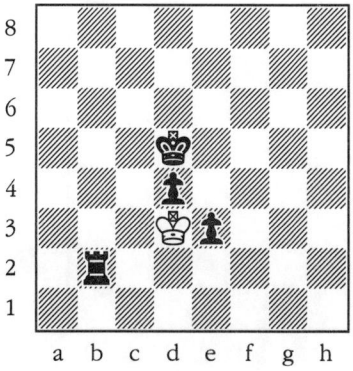

509

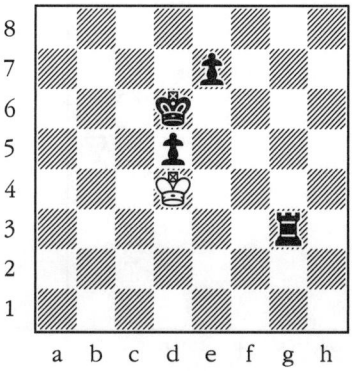

510

King + two pawns + bishop vs. king

King + two pawns + queen vs. king

King + two pawns + knight vs. king

White to move.

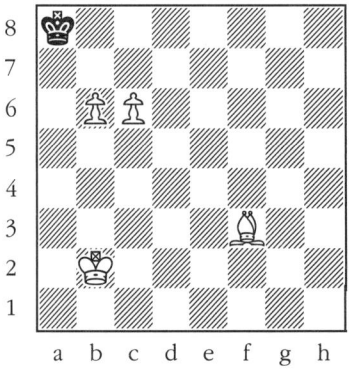

511

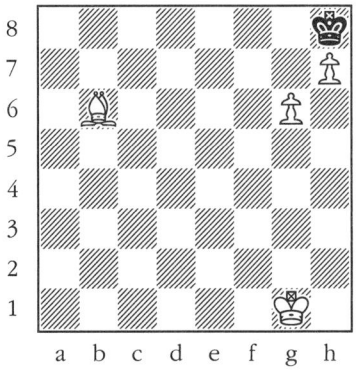

512

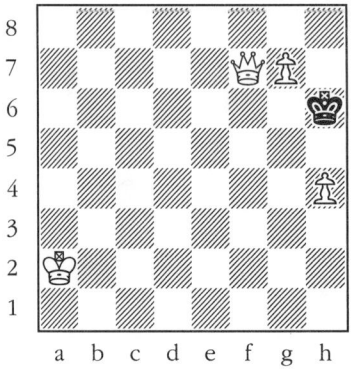

513

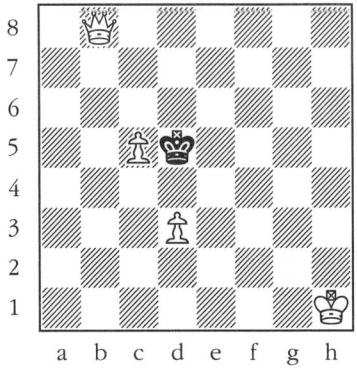

514

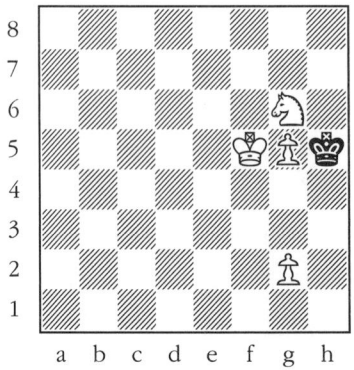

515

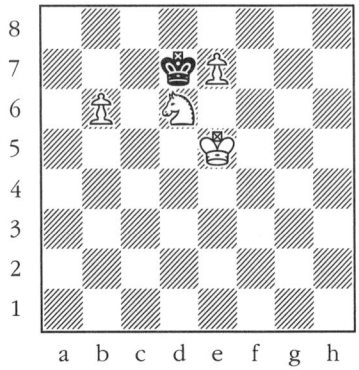

516

King + rook + bishop + queen vs. king

King + rook + bishop + knight vs. king

King + rook + bishop + pawn vs. king

White to move.

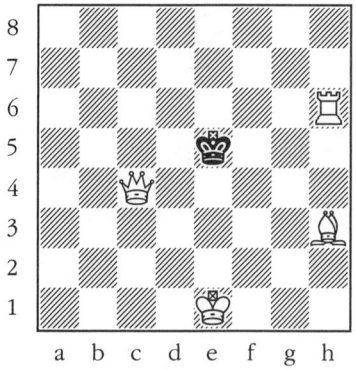

517

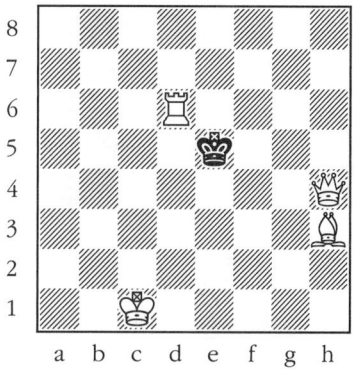

518

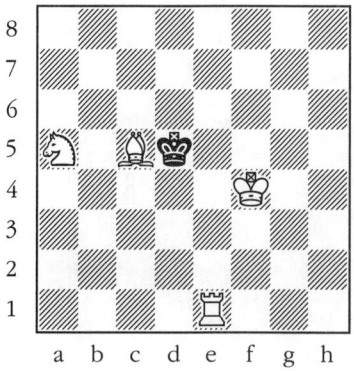

519

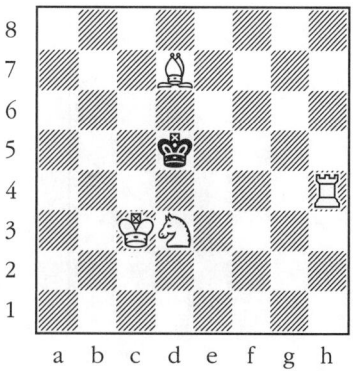

520

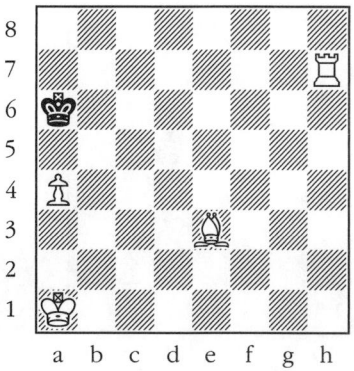

521

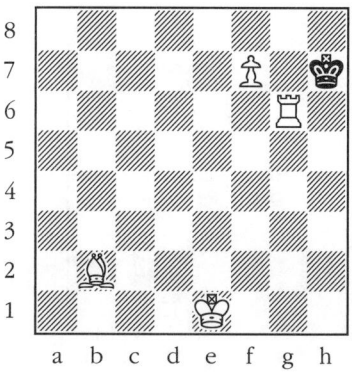

522

King + rook + queen + knight vs. king

King + rook + queen + pawn vs. king

King + rook + knight + pawn vs. king

White to move.

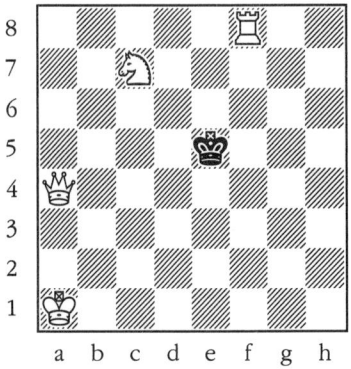

523

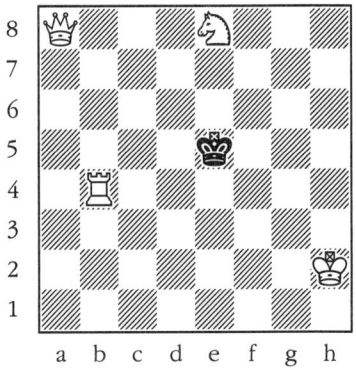

524

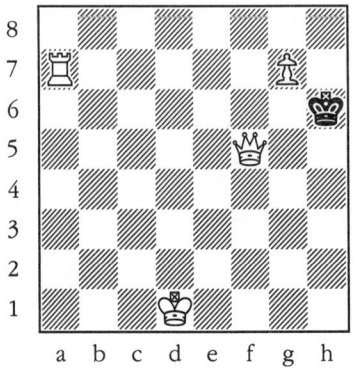

525

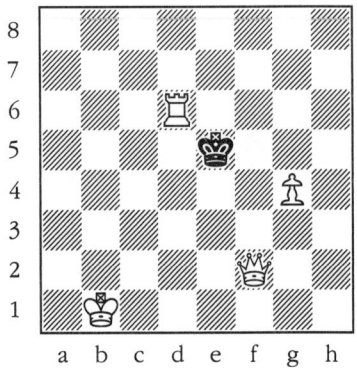

526

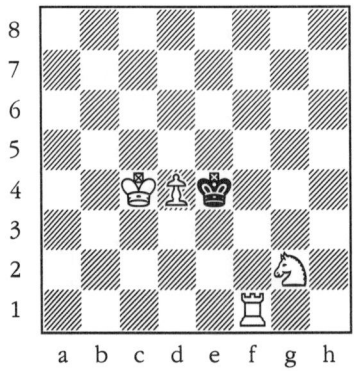

527

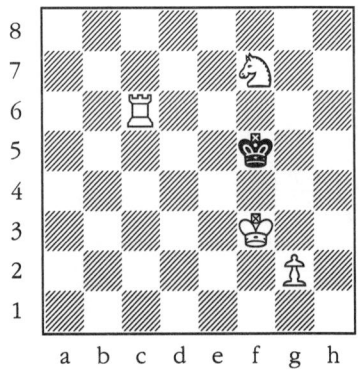

528

King + bishop + queen + knight vs. king

King + bishop + queen + pawn vs. king

Black to move.

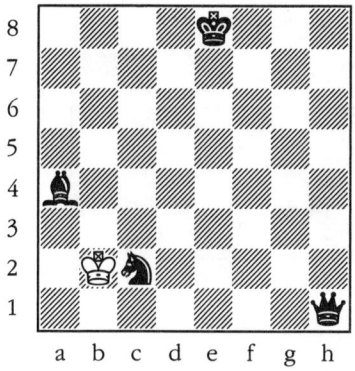

529

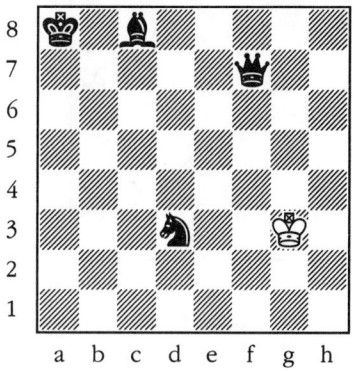

530

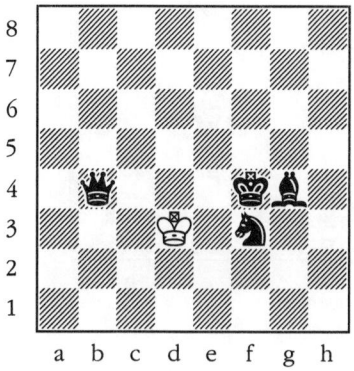

531

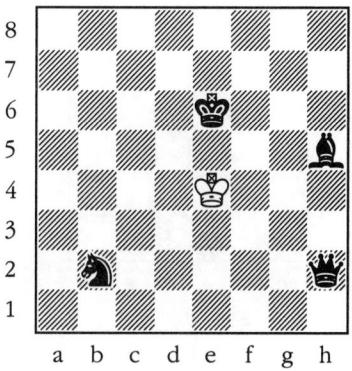

532

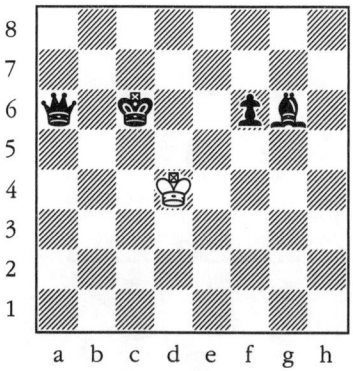

533

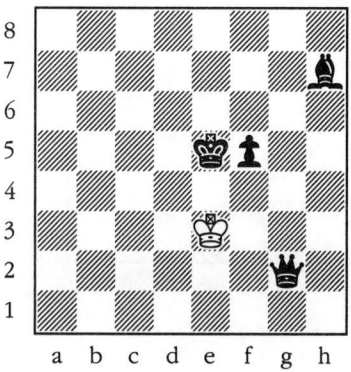

534

King + bishop + knight + pawn vs. king

King + queen + knight + pawn vs. king

White to move.

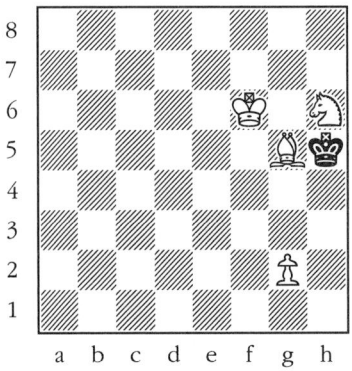

535

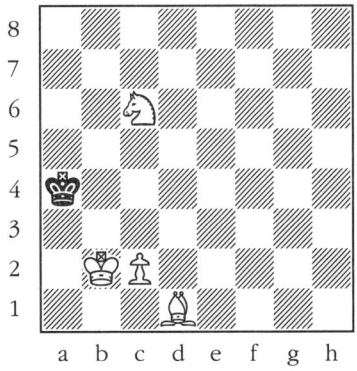

536

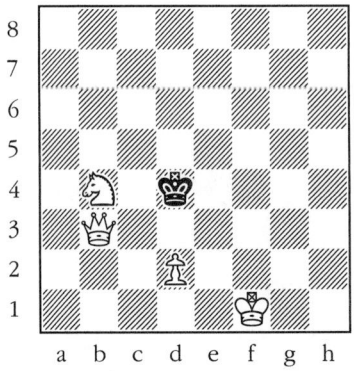

537

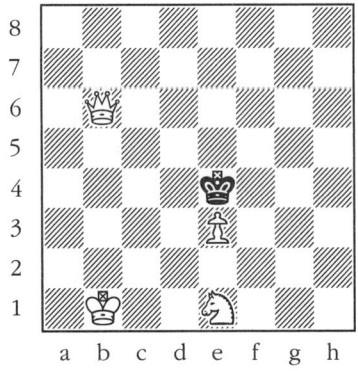

538

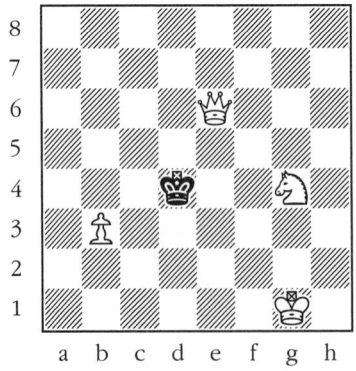

539

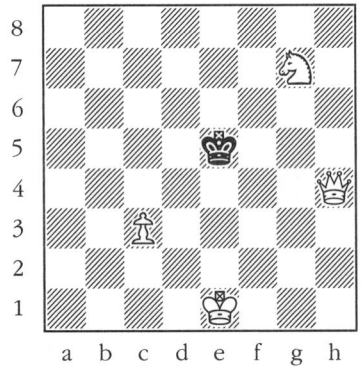

540

Exercises

White to move.

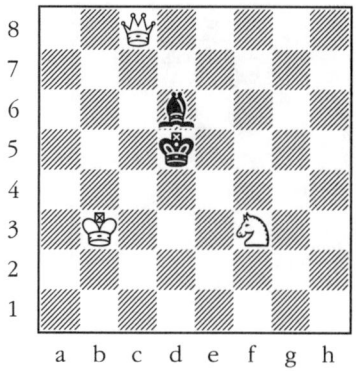

541

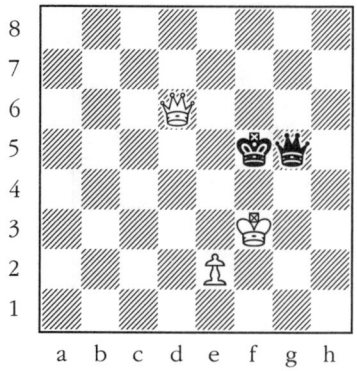

542

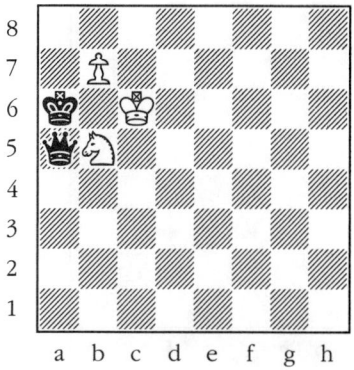

543

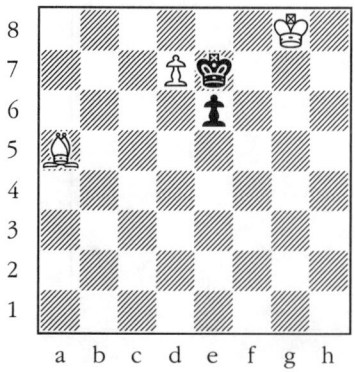

544

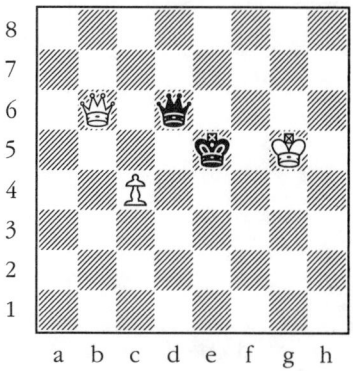

545

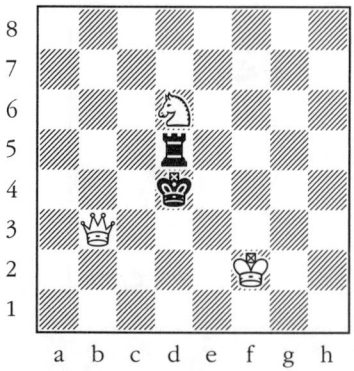

546

White to move.

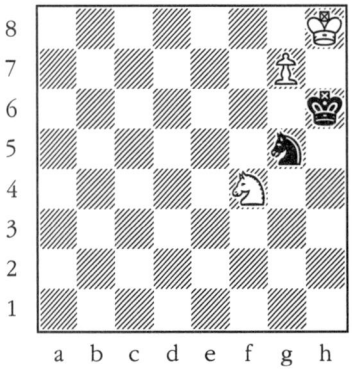

547

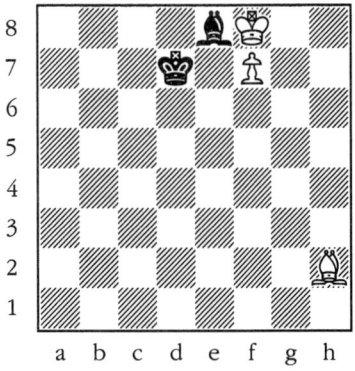

548

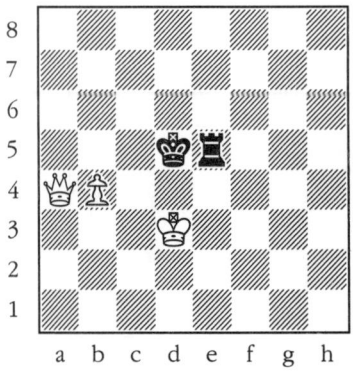

549

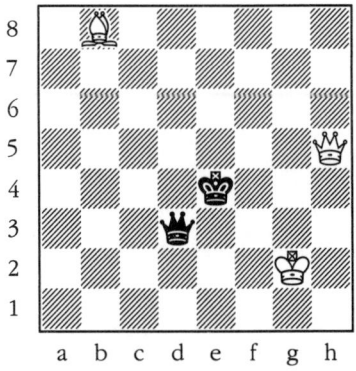

550

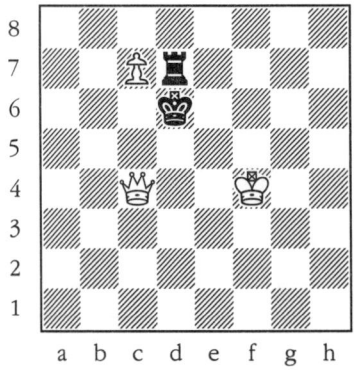

551

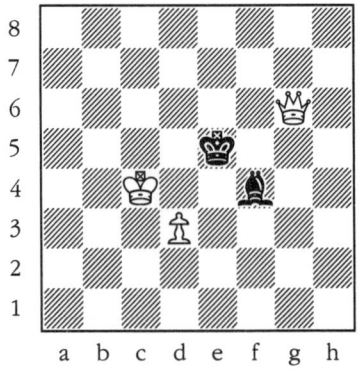

552

White to move.

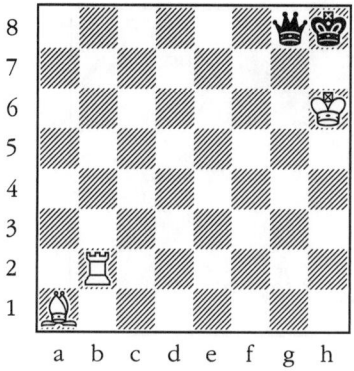

553

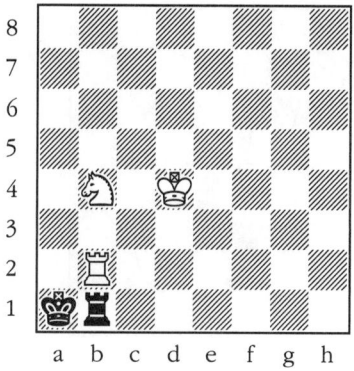

554

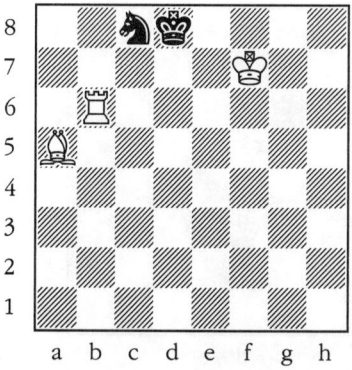

555

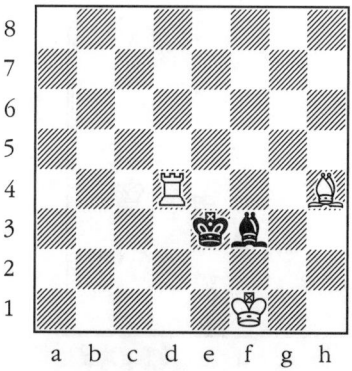

556

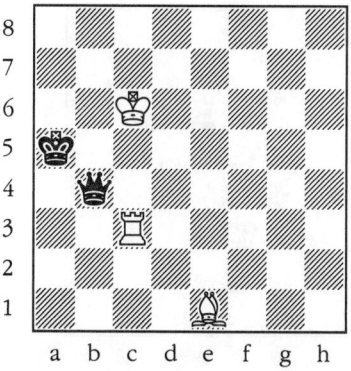

557

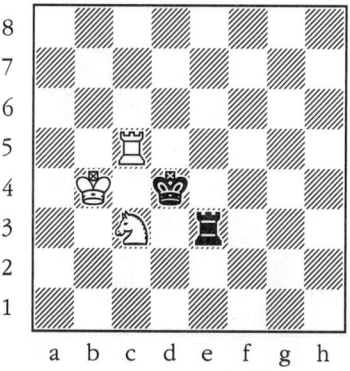

558

Black to move.

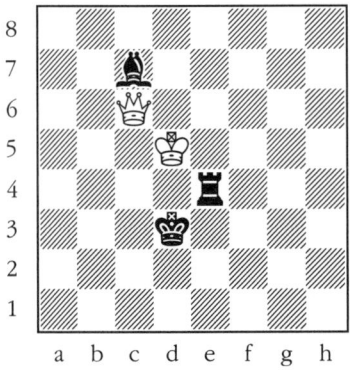

559

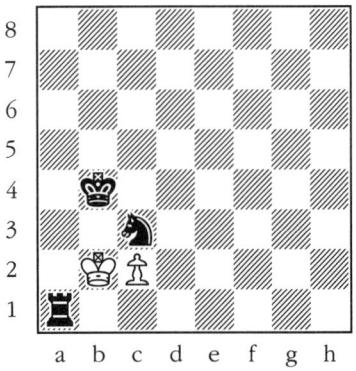

560

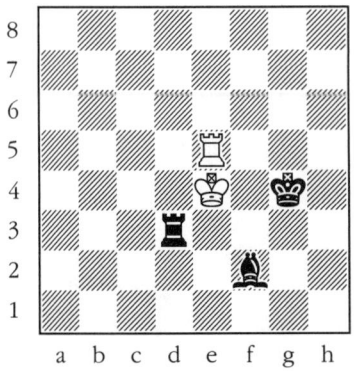

561

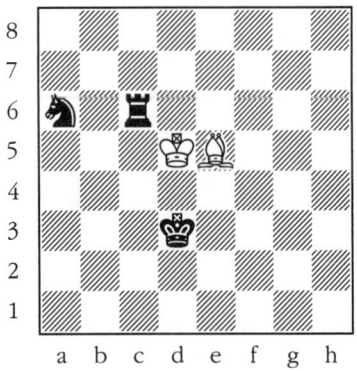

562

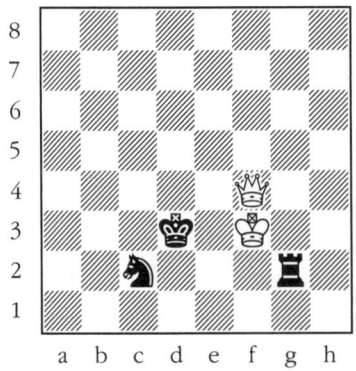

563

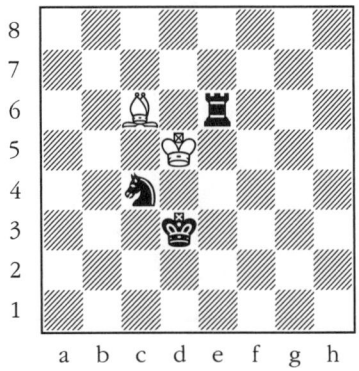

564

White to move.

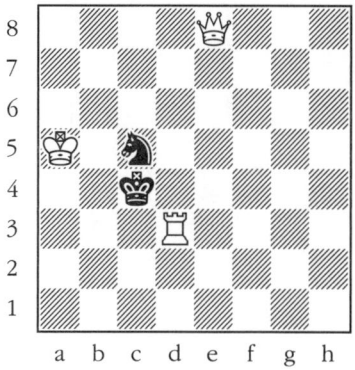

565

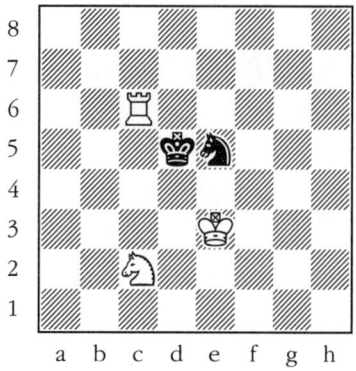

566

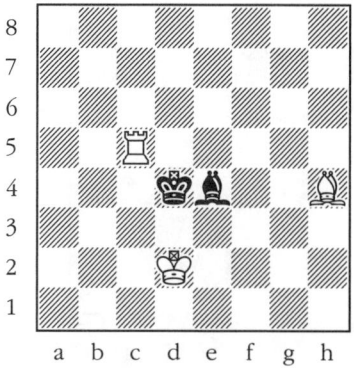

567

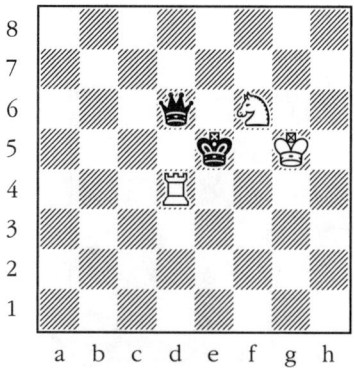

568

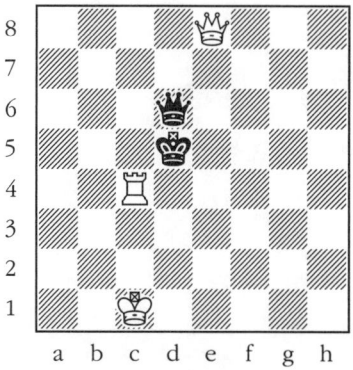

569

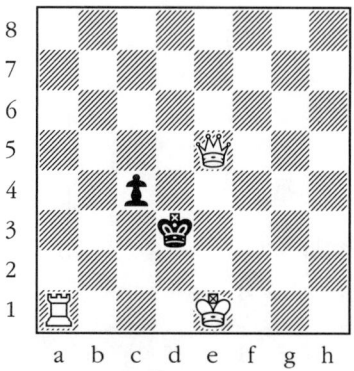

570

White to move.

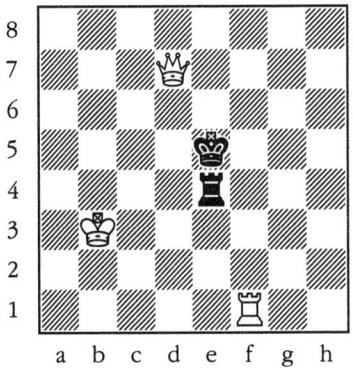

571

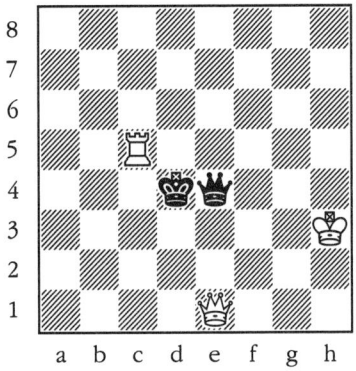

572

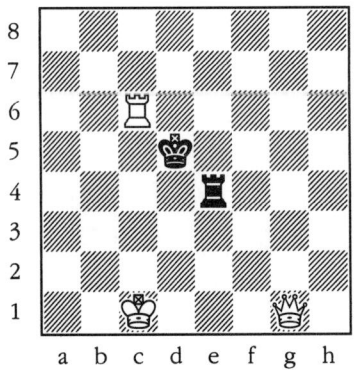

573

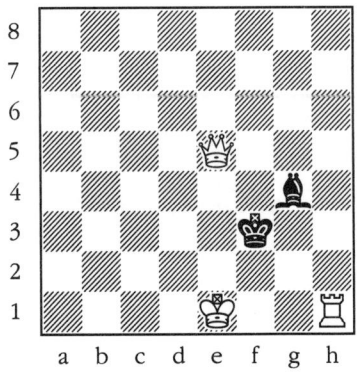

574

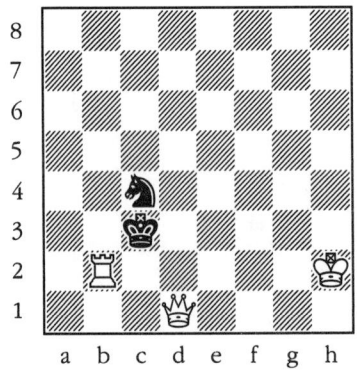

575

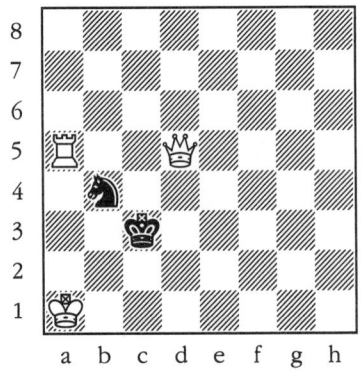

576

Black to move.

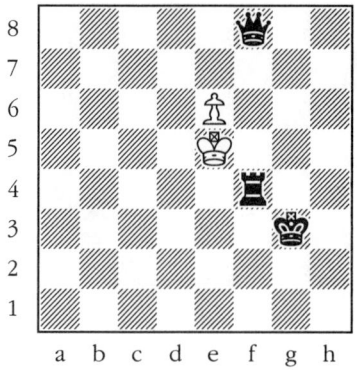

577

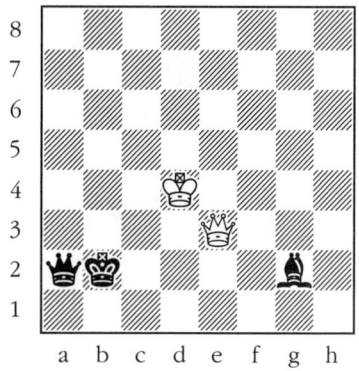

578

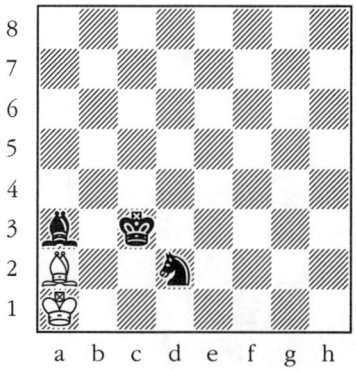

579

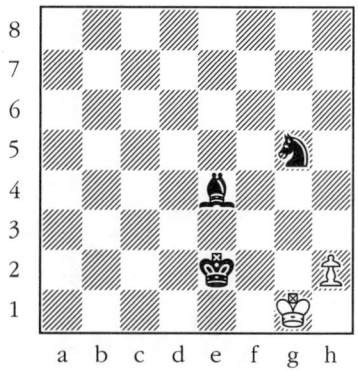

580

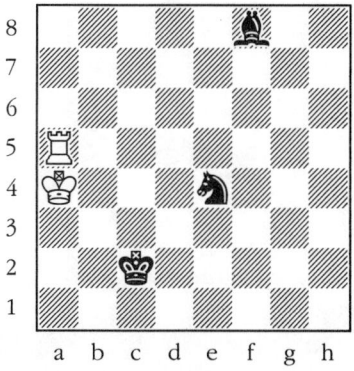

581

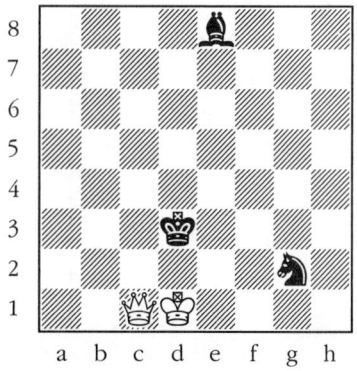

582

White to move.

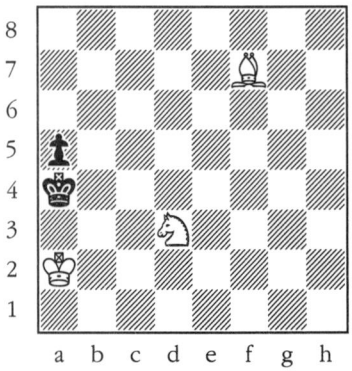

583

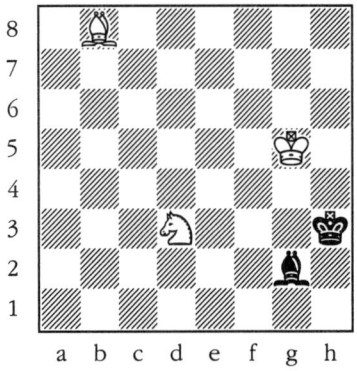

584

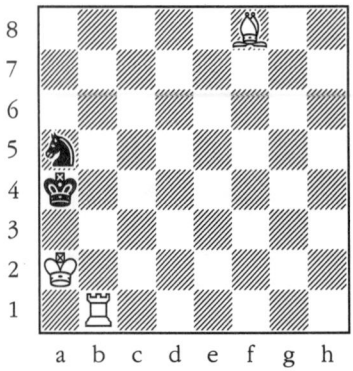

585

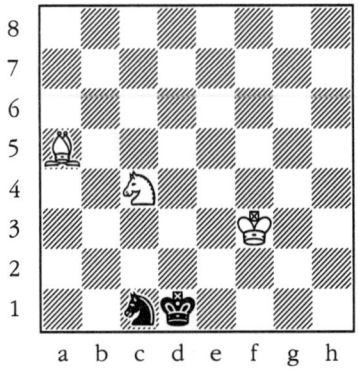

586

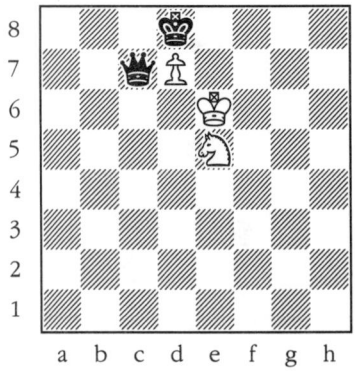

587

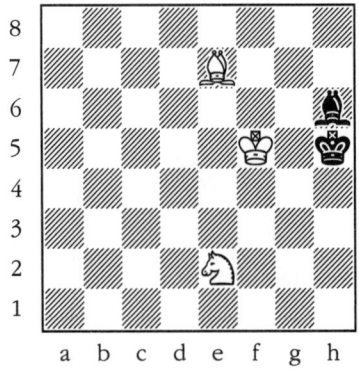

588

White to move.

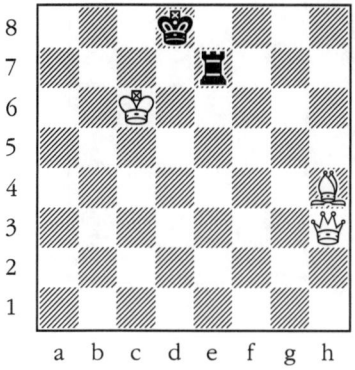

589

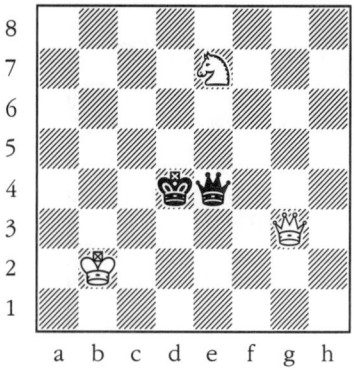

590

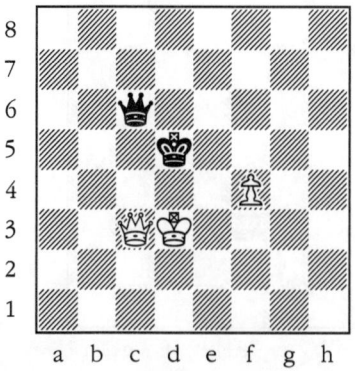

591

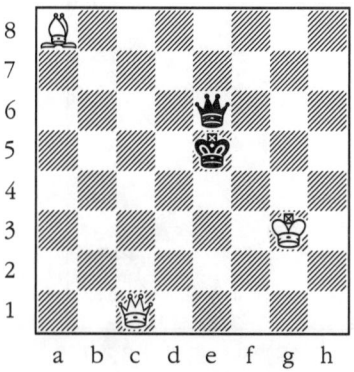

592

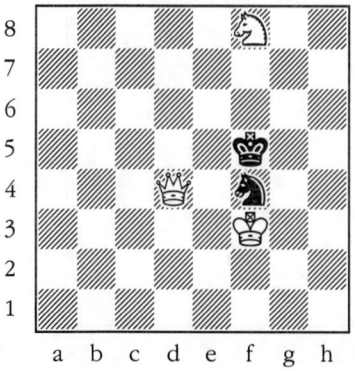

593

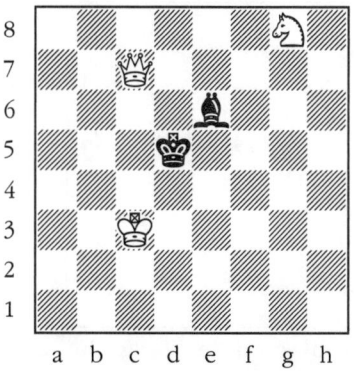

594

Fun Puzzles

The king fell off the board! Black declared checkmate, but the white king got knocked off the board! **Where was White's king?**

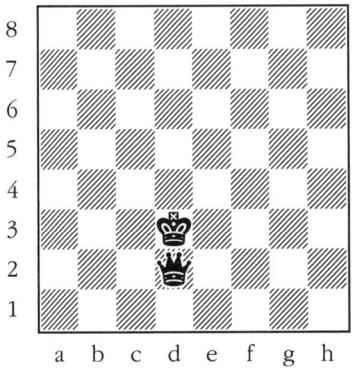

595

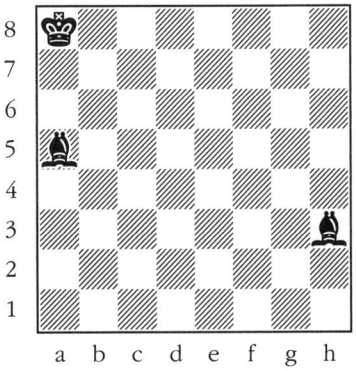

596

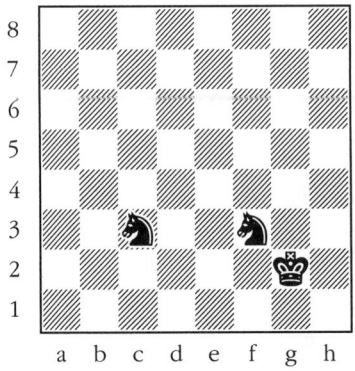

597

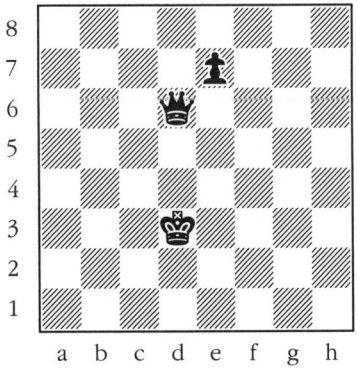

598

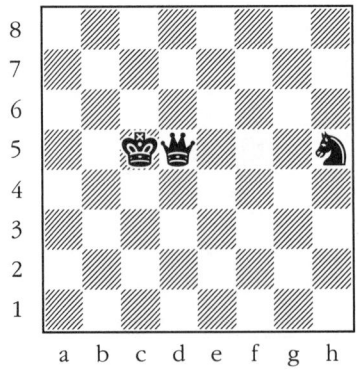

599

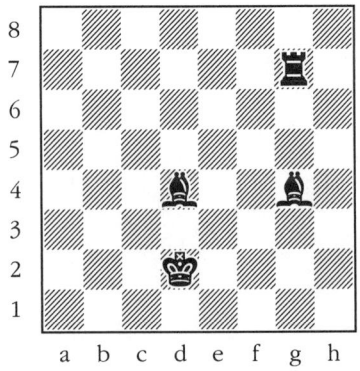

600

Stolen piece! White declared checkmate, but Black took the mating piece off the board.
Where was the white piece that gave checkmate?

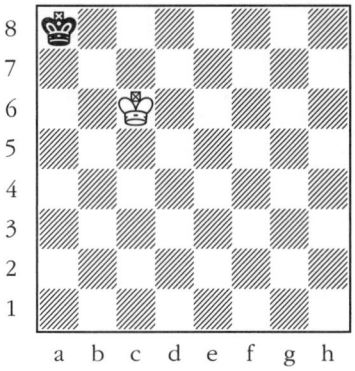

601

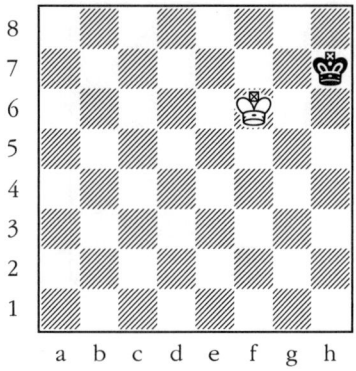

602

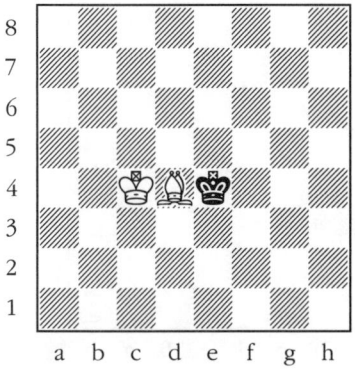

603

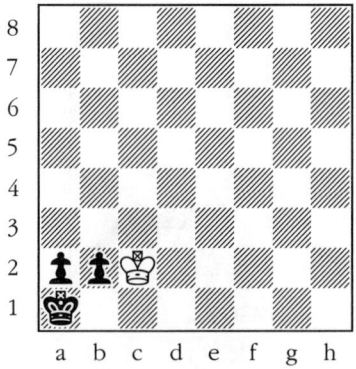

604

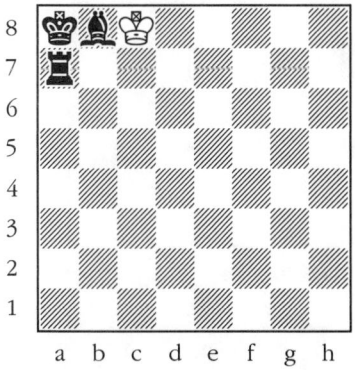

605

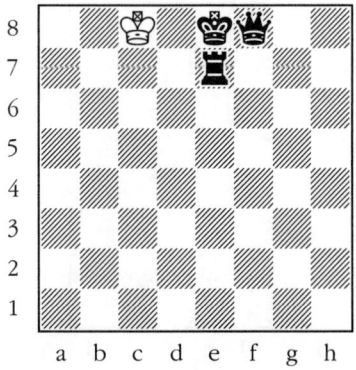

606

Fill in the color of the pieces: Black checkmated White, but the designer forgot to add color to the black pieces. Which pieces should be black?

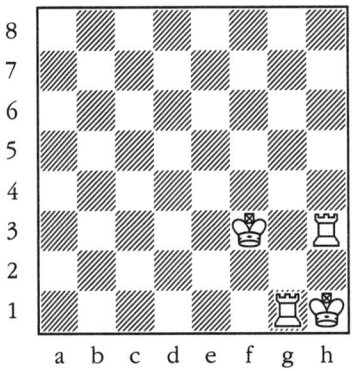

607

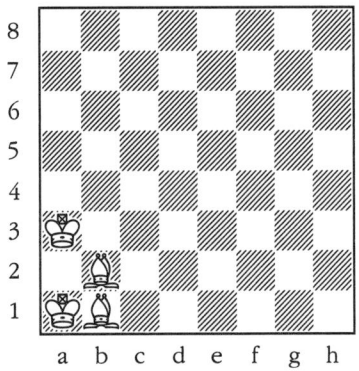

608

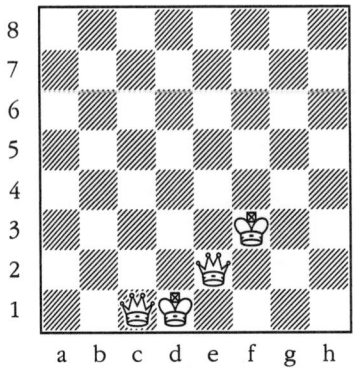

609

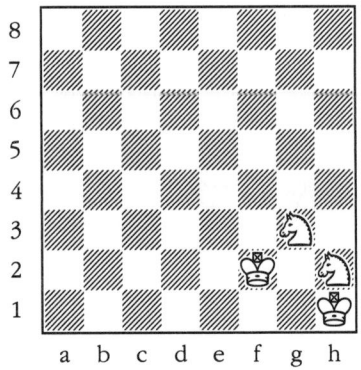

610

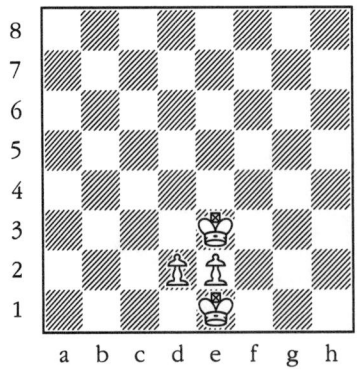

611

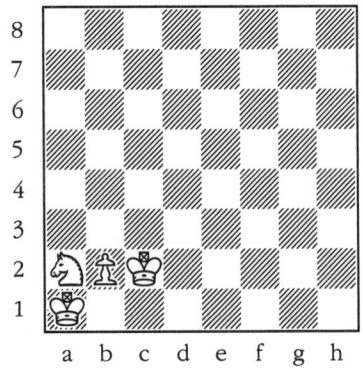

612

En passant: Black to move and checkmate White in one move. It looks impossible, but there is a solution. To solve the puzzle, figure out what was White's last move.

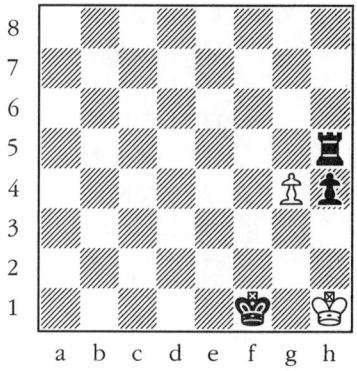

613

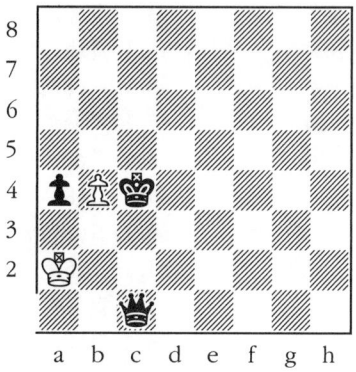

614

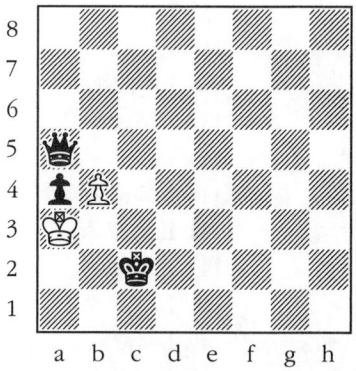

615

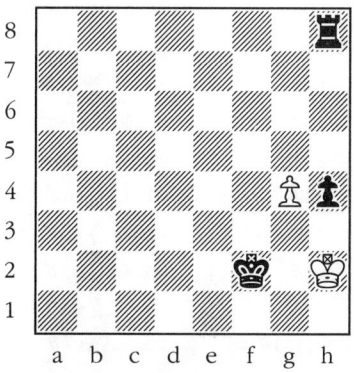

616

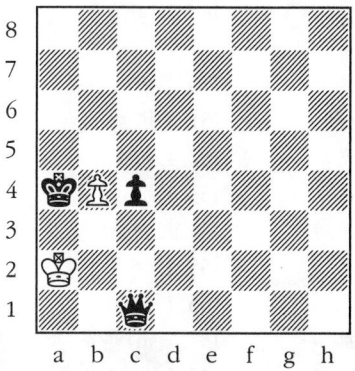

617

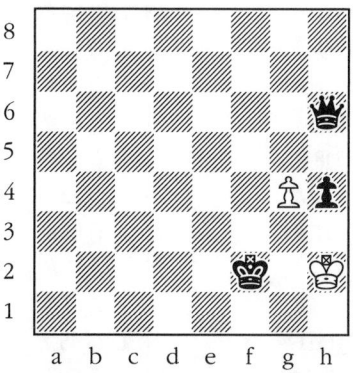

618

Solutions

1. 1. ♖a6#.
2. 1. ♖c8#.
3. 1. ♖h4#.
4. 1. ♖c8#.
5. 1. ♖b8#.
6. 1. ♖h8#.
7. 1...♕g2#.
8. 1...♕e1#.
9. 1...♕g2#.
10. 1...♕a1#.
11. 1...♕b2#.
12. 1...♕g3#.
13. 1. ♕h8#.
14. 1. ♕g7#.
15. 1. ♕a2#.
16. 1. ♕h4#.
17. 1. ♕a8#.
18. 1. ♕d7#.
19. 1...♕g1#.
20. 1...♕e2#.
21. 1...♕b2#.
22. 1...♕a5#.
23. 1...♕g3#.
24. 1...♕h5#.
25. 1. f8♕(♖)#.
26. 1. f8♕(♖)#.
27. 1. h8♕(♖)#.
28. 1. e8♕#.
29. 1. a8♕#.
30. 1. b8♕#.
31. 1. ♖b8#.
32. 1. ♖f8#.
33. 1. ♖h7#.
34. 1. ♖a8#.
35. 1. ♖h3#.
36. 1. ♖e1#.
37. 1...♖xf1#.
38. 1...♖c1#.
39. 1...♖h1#.
40. 1...♖e1#.
41. 1...♖a1#.
42. 1...♖xa1#.
43. 1. ♖xa1#.
44. 1. ♖h6#.
45. 1. ♖xh1#.
46. 1. ♖d8#.
47. 1. ♖h4#.
48. 1. ♖d8#.
49. 1. ♖g8#.
50. 1. ♖xa8#.
51. 1. ♖a6#.
52. 1. ♖f8#.
53. 1. ♖b8#.
54. 1. ♖h2#.
55. 1...♖c1#.
56. 1...♔f2#.
57. 1...♖h1#.
58. 1...♖a1#.
59. 1...♖a8#.
60. 1...♖h8#.
61. 1. ♗c6#.
62. 1. ♗g7#.
63. 1. ♗d5#.
64. 1. ♗d4#.
65. 1. ♔c7#.
66. 1. ♔g6#.
67. 1. ♗g7#.
68. 1. ♗b7#.
69. 1. ♗b2#.
70. 1. ♗g2#.
71. 1. ♗b7#.
72. 1. ♗b2#.
73. 1. ♗g2#.
74. 1. ♗b2#.
75. 1. ♔c7#.
76. 1. ♗c3#.
77. 1. ♗d5#.
78. 1. ♔f2#.
79. 1. ♕a6#.
80. 1. ♕h6#.
81. 1. ♕a8#.
82. 1. ♕e1#.
83. 1. ♕g8#.
84. 1. ♕g5#.
85. 1...♕a3#.
86. 1...♕h8#.
87. 1...♕c2#.
88. 1...♕h1#.
89. 1...♕a4#.
90. 1...♕b2#.
91. 1. ♕b8#.
92. 1. ♕c3#.
93. 1. ♔c2#.
94. 1. ♕g8#.
95. 1. ♕g3#.
96. 1. ♕d7#.
97. 1. ♕b8#.
98. 1. ♕e8#.
99. 1. ♕a3#.
100. 1. ♕g4#.
101. 1. ♕a3#.
102. 1. ♕c2#.
103. 1...♕xh1#.
104. 1...♕h6#.
105. 1...♕xe1#.
106. 1...♕h5#.
107. 1...♕f7#.
108. 1...♕f8#.
109. 1. ♕b7#.
110. 1. ♕g8#.
111. 1. ♕xg5#.
112. 1. ♕b2#.
113. 1. ♕e7#.
114. 1. ♕e2#.
115. 1. ♕c8#.
116. 1. ♕f8#.
117. 1. ♕c1#.
118. 1. ♕a8#.
119. 1. ♔f2#.
120. 1. ♕c3#.
121. 1...♕f8#.
122. 1...♕c1#.
123. 1...♕a8#.
124. 1...♕f4#.
125. 1...♕b4#.
126. 1...♕a4#.
127. 1. ♘c7#.
128. 1. ♘g6#.
129. 1. ♘b3#.
130. 1. ♘f2#.
131. 1. ♘b6#.
132. 1. ♘f7#.
133. 1. ♘c2#.
134. 1. ♘g3#.
135. 1. ♘c7#.
136. 1. ♘g6#.
137. 1. ♘c2#.
138. 1. ♘f2#.
139. 1...♘g6#.
140. 1...♘c7#.
141. 1...♘c2#.
142. 1...♘f2#.
143. 1...♘g6#.
144. 1...♘c7#.
145. 1. f8♕#.
146. 1. h8♕#.
147. 1. b8♕#.
148. 1. b8♕#.
149. 1. h8♕#.
150. 1. gxh8♕#.
151. 1. b7#.
152. 1. g7#.
153. 1. h8♕(♗)#.
154. 1. a8♕(♗)#.
155. 1. cxb8♕#.
156. 1. g8♕#.
157. 1...h1♕#.
158. 1...axb1♕#.
159. 1...f1♕#.
160. 1...g1♕#.

161. 1...bxc1♕#.
162. 1...h1♕#.
163. 1. b7#.
164. 1. fxg8♕#.
165. 1. d8♕(♖)#.
166. 1. b8♕#.
167. 1. fxe8♕#.
168. 1. a8♕#.
169. 1. c8♕#.
170. 1. g7#.
171. 1. h8♕(♗)#.
172. 1. b8♕#.
173. 1. a8♕(♖)#.
174. 1. g8♕#.
175. 1. ♖a1#.
176. 1. ♖d8#.
177. 1. ♖h8#.
178. 1. ♖h2#.
179. 1. ♔a7#.
180. 1. 0-0#.
181. 1...♔g3#.
182. 1...0-0-0#.
183. 1...♖h1#.
184. 1...♖3b2#.
185. 1...♖8e3#.
186. 1...♖g5#.
187. 1. ♗b7#.
188. 1. ♗b2#.
189. 1. ♗a5#.
190. 1. ♗e1#.
191. 1. ♗b3#.
192. 1. ♗c8#.
193. 1. ♕a6#.
194. 1. ♕ga8#.
195. 1. ♕e7#.
196. 1. ♕a3#.
197. 1. ♕ad3#.
198. 1. ♕cf5#.
199. 1. ♘c2#.
200. 1. ♘hg3#.
201. 1. ♘db6#.
202. 1. ♘f7#.
203. 1. ♘d3#.
204. 1. ♘d6#.
205. 1. c8♕#.
206. 1. f7#.
207. 1. b7#.
208. 1. h8♕#.
209. 1. b8♕#.
210. 1. d8♕#.
211. 1...d2#.
212. 1...g1♕#.
213. 1...d1♕#.
214. 1...a1♕#.
215. 1...g1♕#.
216. 1...a1♕#.
217. 1. ♖b8#.
218. 1. ♗d4#.
219. 1. ♔f7#.
220. 1. ♖h8#.
221. 1. ♗e6#.
222. 1. ♗f5#.
223. 1. ♕b7#.
224. 1. ♕g6#.
225. 1. ♖c8#.
226. 1. ♕h8#.
227. 1. 0-0-0#.
228. 1. ♕d4#.
229. 1...♖h1#.
230. 1...♔c2#.
231. 1...0-0#.
232. 1...♕e6#.
233. 1...♕b4#.
234. 1...♖d5#.
235. 1. ♖h7#.
236. 1. ♘c7#.
237. 1. ♔f7#.
238. 1. ♖c8#.
239. 1. ♘f4#.
240. 1. ♖b4#.
241. 1. g8♕#.
242. 1. c8♕(♖)#.
243. 1. h8♕(♗)#.
244. 1. ♔b6#.
245. 1. ♖b8#.
246. 1. d8♕#.
247. 1. ♕a6#.
248. 1. ♕h7#.
249. 1. ♗e8#.
250. 1. ♕c3#.
251. 1. ♕e4#.
252. 1. ♕e3#.
253. 1. ♗e4#.
254. 1. ♘f7#.
255. 1. ♗b2#.
256. 1. ♘g3#.
257. 1. ♘f6#.
258. 1. ♗e8#.
259. 1...c1♕#.
260. 1...♔f2#.
261. 1...g5#.
262. 1...♗h5#.
263. 1...d1♕#.
264. 1...e1♕#.
265. 1. ♕h7#.
266. 1. ♘f6#.
267. 1. ♘d7#.
268. 1. ♕d7#.
269. 1. ♕e4#.
270. 1. ♕e4#.
271. 1. c8♕#.
272. 1. ♕e7#.
273. 1. d8♕#.
274. 1. f8♕#.
275. 1. ♕d5#.
276. 1. ♕c5#.
277. 1. c8♕#.
278. 1. g7#.
279. 1. ♘c7#.
280. 1. ♘c7#.
281. 1. h8♕#.
282. 1. d8♕#.
283. 1...♖xh7#.
284. 1...♖xa1#.
285. 1...♖d1#.
286. 1...♖d2#.
287. 1...♖e1#.
288. 1...♖xa8#.
289. 1. ♖f8#.
290. 1. ♖d7#.
291. 1. ♖g8#.
292. 1. ♖a4#.
293. 1. ♔e7#.
294. 1. ♖f8#.
295. 1. ♖a1#.
296. 1. ♖b8#.
297. 1. ♖xh3#.
298. 1. ♖a8#.
299. 1. ♖h3#.
300. 1. ♖h8#.
301. 1. ♖f8#.
302. 1. ♖a6#.
303. 1. ♖d7#.
304. 1. ♖f5#.
305. 1. ♖g3#.
306. 1. ♖a1#.
307. 1...♖xa3#.
308. 1...♖c1#.
309. 1...♖xh3#.
310. 1...♖a8#.
311. 1...♖xg1#.
312. 1...♖d1#.
313. 1. ♖d8#.
314. 1. ♖xg8#.
315. 1. ♖d8#.
316. 1. ♔e7#.
317. 1. ♖h2#.
318. 1. ♖a4#.
319. 1. ♖g8#.
320. 1. ♖xa8#.
321. 1. ♖h1#.
322. 1. ♖b1#.
323. 1. ♖e1#.
324. 1. ♖b4#.
325. 1. ♗xg2#.
326. 1. ♔c7#.
327. 1. ♗xg7#.
328. 1. ♗b7#.

329. 1. ♗e1#.
330. 1. ♗f8#.
331. 1. ♗xb7#.
332. 1. ♗h5#.
333. 1. ♗b2#.
334. 1. ♗g2#.
335. 1. ♗d8#.
336. 1. ♗c1#.
337. 1...♗c3#.
338. 1...♗h4#.
339. 1...♗xg2#.
340. 1...♔xb3#.
341. 1...♗e4#.
342. 1...♗e1#.
343. 1. ♗b2#.
344. 1. ♗xg2#.
345. 1. ♗f7#.
346. 1. ♗c1#.
347. 1. ♗xb2#.
348. 1.♔f2#.
349. 1. ♕f3#.
350. 1. ♕g5#.
351. 1. ♕xh5#.
352. 1. ♕f7#.
353. 1. ♕xd2#.
354. 1. ♕h7#.
355. 1...♕d8#.
356. 1...♕h8#.
357. 1...♕d5#.
358. 1...♕d3#.
359. 1...♕d5#.
360. 1...♕g7#.
361. 1. ♕a6#.
362. 1. ♕f8#.
363. 1. ♕c7#.
364. 1. ♕b5#.
365. 1. ♕d6#.
366. 1. ♕e4#.
367. 1. ♕g7#.
368. 1. ♕c6#.
369. 1. ♕h8#.
370. 1. ♕e4#.
371. 1. ♕xb4#.
372. 1. ♕c8#.
373. 1. ♕c8#.
374. 1. ♕g8#.
375. 1. ♕h2#.
376. 1. ♕d4#.
377. 1. ♕h7#.
378. 1. ♕xd2#.
379. 1. ♘g3#.
380. 1. ♘d7#.
381. 1. ♘c2#.
382. 1. ♘g3#.
383. 1. ♘f6#.
384. 1. ♘f5#.
385. 1...♘c5#.
386. 1...♘f3#.
387. 1...♘g3#.
388. 1...♘f3#.
389. 1...♘c2#.
390. 1...♘d3#.
391. 1. ♘d6#.
392. 1. ♘f5#.
393. 1. ♘b4#.
394. 1. ♘f3#.
395. 1. ♘c2#.
396. 1. ♘g3#.
397. 1. ♘c7#.
398. 1. ♘f4#.
399. 1. ♘b3#.
400. 1. ♘c7#.
401. 1. ♘d6#.
402. 1. ♘f5#.
403. 1. ♘c7#.
404. 1. ♘g8#.
405. 1. ♘c4#.
406. 1. ♘g7#.
407. 1. ♘c2#.
408. 1. ♘f5#.
409. 1. dxc8♕#.
410. 1. c8♕#.
411. 1. fxg7#.
412. 1. b7#.
413. 1. g7#.
414. 1. fxg8♕#.
415. 1...c1♕#.
416. 1...b5#.
417. 1...fxg2#.
418. 1...a1♕#.
419. 1...g1♕#.
420. 1...e1♕#.
421. 1. exf8♕#.
422. 1. a8♕(♖)#.
423. 1. axb7#.
424. 1. g5#.
425. 1. axb8♕#.
426. 1. f8♕#.
427. 1. f8♕(♖)#.
428. 1. hxg7#.
429. 1. b7#.
430. 1. g4#.
431. 1. g8♕#.
432. 1. cxd8♕#.
433. 1. exf8♕#.
434. 1. a8♕#.
435. 1. c8♕#.
436. 1. b5#.
437. 1. dxc8♕#.
438. 1. g7#.
439. 1. ♖a3#.
440. 1. ♖a5#.
441. 1. ♖h4#.
442. 1. ♖d8#.
443. 1. ♖h8#.
444. 1. ♖a5#.
445. 1...♖e2#.
446. 1...♖c4#.
447. 1...♖f1#.
448. 1...♔c5#.
449. 1...♗xb2#.
450. 1...♗h4#.
451. 1. ♔g4#.
452. 1. ♔f5#.
453. 1. ♗d8#.
454. 1. ♗b4#.
455. 1. ♗h4#.
456. 1. ♗xb6#.
457. 1. ♗g2#.
458. 1. ♗e5#.
459. 1. ♘f6#.
460. 1. ♘c3#.
461. 1. ♘c6#.
462. 1. ♘e6#.
463. 1. ♘ef7#.
464. 1. ♘b6#.
465. 1. ♘de6#.
466. 1. ♘f5#.
467. 1. ♘df4#.
468. 1. ♘hg2#.
469. 1. b8♘#.
470. 1. e8♕#.
471. 1. f8♕#.
472. 1. e8♕#.
473. 1. d8♕#.
474. 1. d8♕#.
475. 1...cxb2#.
476. 1...fxg2#.
477. 1...b1♘#.
478. 1...e1♕#.
479. 1...f1♕#.
480. 1...d1♕#.
481. 1. ♖a7#.
482. 1. ♗c3#.
483. 1. ♕a5#.
484. 1. ♕d5#.
485. 1. ♖h5#.
486. 1. ♘g4#.
487. 1. ♖g8#.
488. 1. c8♘#.
489. 1. ♗b2#.
490. 1. ♔g4#.
491. 1. ♕d4#.
492. 1. ♕d5#.
493. 1. ♘c5#.
494. 1. ♘e5#.
495. 1. b4#.
496. 1. ♗e4#.

497. 1. ♘f4#.
498. 1. ♖d6#.
499. 1. ♗c3#.
500. 1. ♗b7#.
501. 1. ♕c5#.
502. 1. ♕e4#.
503. 1. ♘c4#.
504. 1. g8♘#.
505. 1...g1♘#.
506. 1...c1♕#.
507. 1...b1♕#.
508. 1...e1♕#.
509. 1...♖d2#.
510. 1...e5#.
511. 1. c7#.
512. 1. ♗d4#.
513. 1. g8♘#.
514. 1. ♕d6#.
515. 1. g4#.
516. 1. e8♕#.
517. 1. ♖e6#.
518. 1. ♕d4#.
519. 1. ♖e5#.
520. 1. ♖d4#.
521. 1. ♖a7#.
522. 1. f8♘#.
523. 1. ♕f4#.
524. 1. ♕e4#.
525. 1. g8♘#.
526. 1. ♕d4#.
527. 1. ♖f4#.
528. 1. g4#.
529. 1...♕a1#.
530. 1...♕f2#.
531. 1...♘e1#.
532. 1...♕e5#.
533. 1...♕d3#.
534. 1...f4#.
535. 1. g4#.
536. 1. c4#.
537. 1. ♕d5#.
538. 1. ♕e6#.
539. 1. ♕c4#.
540. 1. ♕d4#.
541. 1. ♕c4#.
542. 1. e4#.
543. 1. b8♘#.
544. 1. d8♕#.
545. 1. ♕e3#.
546. 1. ♕e3#.
547. 1. g8♘#.
548. 1. fxe8♕#.
549. 1. ♕d7#.
550. 1. ♕e5#.
551. 1. c8♘#.
552. 1. d4#.
553. 1. ♖b8#.
554. 1. ♖a2#.
555. 1. ♖d6#.
556. 1. ♗f2#.
557. 1. ♖a3#.
558. 1. ♖d5#.
559. 1...♖e5#.
560. 1...♖b1#.
561. 1...♖d4#.
562. 1...♘b4#.
563. 1...♘e1#.
564. 1...♖e5#.
565. 1. ♕b5#.
566. 1. ♘b4#.
567. 1. ♗f2#.
568. 1. ♖e4#.
569. 1. ♕e4#.
570. 1. 0-0-0#.
571. 1. ♖f5#.
572. 1. ♕c3#.
573. 1. ♕c5#.
574. 1. 0-0#.
575. 1. ♖b3#.
576. 1. ♖c5#.
577. 1...♕c5#.
578. 1...♕d5#.
579. 1...♗b2#.
580. 1...♘h3#.
581. 1...♘c3#.
582. 1...♗h5#.
583. 1. ♗e8#.
584. 1. ♘f2#.
585. 1. ♖b4#.
586. 1. ♘e3#.
587. 1. ♘f7#.
588. 1. ♘g3#.
589. 1. ♕d7#.
590. 1. ♕c3#.
591. 1. ♕e5#.
592. 1. ♕f4#.
593. 1. ♕xf4#.
594. 1. ♘f6#.
595. ♔d1.
596. ♔c8.
597. ♔e1.
598. ♔d5.
599. ♔e5.
600. ♔f6.
601. ♕b7.
602. ♕g7.
603. ♕g4.
604. ♘b3.
605. ♘b6.
606. ♘d6.
607. ♔f3, ♖h3.
608. ♔a3, ♗b2.
609. ♔f3,♕e2.
610. ♔f2,♘g3.
611. ♔e3, ♙d2, ♙e2.
612. ♔c2, ♙b2.
613. 1...hxg3# (the last move by White was g2-g4, and Black can capture *en passant)*.
614. 1...axb3#.
615. 1...axb3#.
616. 1...hxg3#.
617. 1...cxb3#.
618. 1...hxg3#.